Else Matters
erzählt vom

Rotenbergblues

Bibliografische Information der Deutschen Nationalbibliothek: Die Deutsche Nationalbibliothek verzeichnet diese Publikation in der Deutschen Nationalbibliografie, detaillierte bibliografische Daten sind im Internet unter http://dnb.dnb.de abrufbar

© 2015 Emi Weber
Herstellung und Verlag
BoD – Books on Demand, Norderstedt

ISBN: 9783734775314

„NIMM NIE WIEDER KONTAKT MIT MIR AUF
UND LAUF MIR NIE WIEDER ÜBER DEN WEG"

Damit endet alles und damit beginnt auch
alles.

Nein mein Liebster. Das habe ich nicht vor.
Die Liebe sucht sich ihren Weg, so wie das
Wasser. Es fließt und folgt seiner Kraft.

Das ist Buch Nr.
am
hier
ausgelegt.

Die Idee ist ungewöhnlich – ja!
Und anders wie normal – ja!
Und der Verstand sagt – nein! Das geht nicht!

Die Liebe sucht sich ihren Weg. Und das hier ist
unsere Geschichte. Die Geschichte unserer
Liebe. Sie hat 880 Tage in Worten, Icons und
Geschriebenem gelebt.
Ich schreibe einfach weiter. Mache das was ich
die letzten 880 Tage getan habe.
Meine Worte werden dich finden, du wirst
lesen, du wirst dich erinnern.

Das ist mein Herzenswunsch.

Liebe Finderin, lieber Finder,

es gibt keinen Zufall, es fällt einem zu was fällig ist. So hat DICH meine Geschichte „zufällig" gefunden.

Wenn Du neugierig bist und Lust zum Lesen hast - lese es. Und gebe es anschließend weiter. Vielleicht fällt Dir jemand ein zu dem es passt. Oder leg es an einem Ort ab, der dir in den Sinn kommt. Vielleicht dort wo du die letzten Zeilen liest – in der Straßenbahn, im Wartezimmer eines Arztes, in einem Kaffee - egal.

Nein? Du magst nicht? Dann leg es einfach wieder aus der Hand und lass es jemand anders finden.

Hast du Lust Teil dieser Geschichte zu werden und zu erfahren, wie sich Liebe ihren Weg sucht? Dann schreib an

rotenbergblues@gmx.de

welches Buch Du gefunden hast, vielleicht wann und wo, und vor allem wie!
Du findest den Rotenbergblues auf Facebook und kannst mit dabei sein, welchen Weg meine Geschichte nimmt. Ich freu mich jetzt schon auf deine Nachricht. Dir lieben Dank!

Dieses Buch ist wie es ist. Nicht in Form dressiert. Bunt, etwas durcheinander, voller Gefühle. Es ist

wie das Leben. Und das Leben ist wunderbar.
Deine Else Matters

Und somit beginnt meine Geschichte an

Tag 4

Ich spüre es in mir, es kribbelt. Ich will schreiben.
Unbedingt. Es fließt aus mir und es fühlt sich gut
an. Wir sind am Uhlbergturm,
Neujahrsspaziergang im verschneiten
Winterwald. Meine Herzensfreundin beschwört
mich. Julia SCHREIBE!
Einen Blog – ich einen Blog? Habe ich so viel zu
sagen? Wen interessiert das? Wie geht das? Ich
habe keinen Plan. Gedichte, Ratgeber, ein
Buch. Schreibe was du zu sagen hast. Und
einen Tag später weiß ich – Sie hat Recht. Ja,
DU hast Recht!!!

Ich habe die letzten 880 Tage nichts anderes
getan als zu schreiben. Ich habe jeden Tag
geübt und dir geschrieben. Das Schreiben ist in
dieser Zeit der Zugang zu meinem Herzen, zu
meinen Gefühlen und zu meiner Seele
geworden. Und jetzt ist es still. So still. Aus. Vor 3
Tagen, an Tag 880, ist sie auf einmal da. Stille.

Als ich anfange hier zu schreiben denke ich,
dass es ein Wutbrief wird. Einer von denen, die
niemals abschickt werden. Verarbeiten und

loslassen. Bereits jetzt weiß ich, dass das hier was anderes wird. Was ganz anderes. Ich schreibe dir einfach weiter.

Es ist Tag 4 der Stille. Tag 4 nach deiner Aussage „Melde dich nie wieder bei mir und lass dich nie wieder bei mir blicken". Natürlich mache ich mir Gedanken, den einen und anderen Vorwurf. Du fehlst mir. Alles andere wäre gelogen. 2 1/3 Jahre, 28 Monate, 880 Tage. Worte, die hin und herfliegen. Gedanken. Gefühle. Icons. Liebe und Energie.

Es gibt Augenblicke da streichelt mich das Leben und ich bin so glücklich. Denke, ist das wahr? Wie kann das nur sein? Ich habe dich verloren und bin glücklich? Das kann nicht wahr sein. Und ich kann es dir nicht gar nicht mehr erzählen, was ich erlebt habe. Zumindest nicht so wie bisher.

Der letzte Abend im alten Jahr. Ich sitze mit meiner Herzfreundin einfach auf dem Esstisch mit dem Blick über die Dächer und ins Tal. Eine Flasche Cremant. Draußen knallen die Raketen. Es funkelt, zischt, böllert. Ein wunderbarer Moment. Es ist ganz ruhig und warm um mich und in mir auch. Ich freue mich so sehr auf 2015. Alles ist gut.

Wie gesagt mein Vorhaben war ein ganz anderes. Jetzt merke ich, dass ich dir noch so viel zu sagen und zu erzählen habe. 880 Tage

8

alles mit dir geteilt. Du hast an meinem Leben teilgenommen und ich an deinem. Irgendwann kam der schleichende Übergang. Du bist immer stiller geworden. Hast mich nicht mehr rein gelassen in dein Leben. Hast geblockt, mich zurück gedrängt und ausgeschlossen. Schleichend. Leise. Stille.

Gefühlt habe ich das schon so lange. Nur mein Kopf wollte nicht auf mein Herz hören. Nicht wahrhaben. Wem von uns wurde beigebracht auf sein Herz zu hören? Auf die Intuition und die innere Stimme.

Irgendwann waren die schönen Bilder weg. Die Träume von einer gemeinsamen Zukunft. Es hat sich fremd angefühlt, wenn du bei mir warst. Erzwungen. Du warst zum Teil so still. Es war zu spüren, dass du dich nicht wohl gefühlt hast. Warum hast du es nicht einfach beendet anstatt das Spiel weiterzuspielen? Hat dir auch niemand beigebracht deine Gefühle wahrzunehmen, ihnen zu vertrauen und zu folgen?

Du hast es verlernt ehrlich zu sein. Ehrlich zu dir selbst und zu deinen Mitmenschen. Als du es 2014 im Ansatz versucht hast waren die Reaktionen darauf heftig und schmerzhaft. Für alle Beteiligten.

Und jetzt ist es noch schmerzhafter. Es hat dir alles zerstört. Dein Leben liegt in Trümmern da.

Alles was du dir die letzten 14 Jahre (mit uns zusammen) erschaffen hast ist kaputt. Deine größten Ängste sind zur Realität geworden. Das wovor wir am meisten Angst haben wird geschehen. Ein Energiegesetz, das für alle gilt. Egal ob wir es kennen oder nicht.

Versuche zu verstehen, mit dem Herzen und dem Verstand. Ich übersetze dir das Geschehene: Deine größte Angst war deine Kinder zu verlieren. Am Tag 879 hast du es noch geschrieben. Du weißt nicht, ob du es schaffst jemals zu gehen. Du nicht gehen kannst, weil dich deine Familie und deine Kinder brauchen. Du tust schon so lange immer das, was du eigentlich gar nicht tun willst. Jetzt wirst du vom Leben gezwungen zu gehen.

Ich möchte dich trösten. Dir sagen, dass du weiter ein guter Vater sein wirst. Dich deine Kinder lieben.

Es gab mal eine Zeit, da hattest du Angst mich zu verlieren. Ob das jetzt zum Schluss noch so war weiß ich nicht. Auch diese Angst hast du in dein Leben gezogen und sie ist wahr geworden.

Im Augenblick wirst Du voller Zorn und Wut sein. Tag 880: „ Was hast Du getan?" Ja, was habe ich da angerichtet?! Nicht ich alleine! Wir zusammen. DU und ICH und SIE.

Wie gesagt, die Energiegesetze gelten für uns alle. Ob wir daran glauben oder nicht. Vielleicht verstehst dDu sie bald, fühlst sie endlich. Das wovor wie Angst haben tritt ein. Es kommt zurück wie ein Boomerang, den wir geworfen haben. So wie wir in den Wald rufen kommt es wieder zurück. Wie man sich bettet so liegt man. Das geht alles in diese Richtung.

Mein Lieblingsbeispiel: Das was ich ausstrahle bekomme ich. Geh ich unsicher in ein Vorstellungsgespräch mit der Einstellung „ich bekomm die Stelle nicht" dann wird es so sein. Weil ich in meiner Körpersprache und Sprache genau das ausstrahle und wegen dem Energiegesetz. Die Lieferung wird prompt folgen – die Absage. Wenn ich selbst nicht an mich glaube, wird es kein anderer tun.

Deine Angst ist wahr geworden. Meine auch. Leider sag ich nicht, denn so fühlt es sich nicht an. Es war einfach fällig.

Es gibt noch ein Energiegesetz, noch eine energetische Gleichung: Die Energie, das Universum oder „nenn es wie du willst" kennt keine Verneinung. Kein Nie. Kein Kein. Kein Nicht.

„Melde dich nie wieder bei mir und lass dich nie wieder bei mir blicken." Du willst mich nie wieder sehen, keinen Kontakt. Versteh ich. Ich kann sie fühlen, deine Gefühle, deine

Enttäuschung und deine ohnmächtige Wut. Du kannst es nicht verhindern. Wir werden uns wieder begegnen.

In der Zeit in der wir zusammen waren hast du sehr oft genau das getan hast, was du nicht wollest. Oder es passierte das, was Du vermeiden wolltest. Das liegt an der Energie. Und somit schließt sich der Kreis und wir werden uns wieder gegenüber stehen. Unter was für Vorzeichen – das steht in den Sternen.

Bis wir uns wieder sehen bleibe ich einfach so bei dir. Ich schreibe dir; bin dir in Gedanken nahe. Das ist meine Art. Es tröstet mich sehr. Du liest es wenn es soweit ist. Das weiß ich. Es findet dann den Weg zu Dir.

Letztes Jahr habe ich oft in die Tastatur gegriffen, wenn wir verstummt sind. Der Weg versperrt war. Das tue ich einfach weiter. Weißt du, dass du mir in diesem Jahr keine einzige Mail geschrieben hast, die aus mehr als zwei Sätzen bestand? Du hast dir nicht die Mühe gemacht auf meine zu antworten. Ich musste dich fragen ob du sie überhaupt gelesen hast. Keine kleine Reaktion. Ich bin dir wohl irgendwann sehr fremd geworden. Du hast mich nicht mehr verstanden. Deine Julia hat sich verändert und auf einmal hat sie chinesisch gesprochen.

Bei unserem Neujahrsspaziergang parkten wir auf dem Parkplatz, auf dem wir uns am Anfang oft getroffen haben. Ach <u>Stef</u>, das waren schöne Abende und Nächte. Geheimnisvoll. Verboten. Voller Sinnlichkeit und Sexualität. Neugier auf den Anderen. Magie. Wir haben uns in diesen Nächten so geliebt und lieben gelernt. Unsere Körper haben sich von Anfang an magnetisch angezogen. Unsere Seelen auch.

Bei unserem vorletzten Treffen, das war so ungefähr Tag 845 unserer gemeinsamen Zeitrechnung, da habe ich dir ins Ohr geflüstert „du bist mein Gegenstück". Deine leise Antwort war: Und du bist meins". Du bist es immer noch für mich. Durch dich habe ich mich erst entdeckt. Mich als Frau. So vieles in mir hat so tief geschlafen. Geboren um zu Leben – der Graf. Genauso ist es jetzt. Und immer wenn ich es in Zukunft hören werde sind meine Gedanken bei dir. Er hat es, so viel ich weiß, vor einem anderen Hintergrund geschrieben. Doch heute, in diesem Augenblick, sagt jede Zeile, was ich in mir habe.

Du warst mein Spiegel, du bist mein Spiegel. Und ich bin deiner. Und immer noch dein Gegenstück. Als ich zurück an meinem Auto bin ist mein Gesicht tränennass.

Während des Spazierganges verbrenne ich einen meiner Tagebücher vom letzten Jahr. Die vielen Tränen, Ängste und Sorgen des letzten Jahres gehen lassen. Verwandeln sich in Rauch.

Danke, dass ich dir heute schreiben durfte.

Tag 5 – ein stiller

So stell ich mir „Täglich grüßt das Murmeltier"
vor. Ich wache morgens auf und komme mir
vor wie in einem falschen Film. Völlig abstrakt.
Surreal. Ich bin aus meinem bisherigen Leben
heraus katapultiert. Alles in mir fühlt sich anders
an. Nicht schmerzhaft, nicht schlimm, nur
unbekannt anders.

Manche Dinge, die mir passieren lassen mich
lachen und strahlen. Manchmal schüttle ich
ungläubig den Kopf mit dem Gedanken in
meinem Kopf „das kann nicht sein". Manche
Dinge verstehe ich nicht. Irgendwo habe ich
gelesen, dass man nicht alles verstehen muss.
Als ob der Kopf das verstehen könnte!?

Am zweiten stillen Tag kündige ich meine eben
erst angenommene Stelle. Ich bin da nicht
richtig, fühlt sich nicht gut an. Ich gebe meine
Kündigung ab und bin im Ungewissen.
Schlimmstenfalls arbeitslos. Ich versuche zu
vertrauen und sage mir „das Leben meint es
gut mit mir, sorgt für mich". Man kündigt doch
nicht so einfach. Gibt doch nicht so schnell auf
und versucht es hin zu bekommen.

Wieder eine Gefühlsentscheidung. Ich vertraue. Zwei Stunden später lache ich nur noch, schüttle den Kopf und denke ,so schnell, das ist zu schön um wahr zu sein'. Ja die Herzfreundin hat's verbockt und ist Schuld. Sie schleppt mich in die Sauna. Nach 2 Saunagängen und einem Aperol Spritz hab ich eine Visitenkarte in der Hand und ein Vorstellungsgespräch. Das Leben macht mir ein Geschenk. Vielen Dank.

So was passiert mir auch heute wieder. Ich schlage die Fernsehzeitung auf – Eine Liebe für den Frieden – Bertha von Suttner und Alfred Nobel. Ich lach nur noch und trau meinen Augen nicht. Alles Zufall? Nein. Es fühlt sich so stimmig an: Es fällt mir zu was fällig ist.

Tag 5 führt mich zu dir. Zu deinem Haus. Dunkelheit. Stille. Es regnet. Ununterbrochen. Der Himmel weint. Dein Auto steht nicht vor der Tür. Ich gehe die Wege, die mich zur Rückseite führen. Auch alles dunkel und still. Auf der Hälfte höre ich Stimmen. Ein Fenster eines anderen Hauses steht auf Kippe. Ich höre einen Mann, der seine Frau fragt „Warum lügst du?" Was ist das für ein Ort, was für eine Straße in der du bist? Der Autoverkäufer, der auch hier lebt, hat auch so viel Unwahres in seinem Leben. Zufall?

Ich laufe zurück. Ein VW Bus hält bei dir. Es ist der Paketdienst, wahrscheinlich mit meinem Päckchen. In dem Päckchen ist das, was ich von dir nicht mehr in meinem Leben haben wollte. Da hängt mir zu viel Schmerz und Unwahres dran. Wenn du es öffnest wirst du es ganz schnell verschwinden lassen und wieder zornig auf mich sein. Wütend, dass ich es dir geschickt habe. Öffnet sie es, so wird wieder Sturm kommen. Die vielleicht gerade halbwegs geglätteten Wogen erheben sich wieder. Ich gieße Öl in dein Feuer.

Warum? Weil die Waage so lange im Ungleichgewicht war. Du hast den Weg des Schweigens eingeschlagen. Dachtest du, du kannst dich so durch mogeln. Es ist nicht so, dass ich es dir nicht gesagt habe, dass du so nicht durchkommst. Irgendwann. So ungefähr am Tag 727 in unserem gemeinsamen Leben. Du hast mich einfach nicht ernst genommen. Jetzt ist deine Zeit. Schau dein Thema an.

Ich liebe diese kleinen nebensächlichen Geschichten, die viele gar nicht wahrnehmen. Mag dir eine erzählen: Es gibt einen wunderbaren virtuellen Wunschbrunnen. Es gab einen Wunsch, den ich dort abgegeben habe. Mein Wunsch hat die Nummer 1.052.139. So hab ich ihn abgegeben: Er steht offen und ehrlich zu mir und unsere Liebe zeigt sich allen. Ich danke dir liebes Universum.
Das war an Tag 849. Die Wünsche sind da nach einander aufgelistet. Weißt du was darunter steht? Was machst du schon? Julia, ich freue mich auf dich. Ich wünsche mir einen Neustart.

Ich weiß nicht woher das kommt. Das kann selbst ich nicht mehr erklären. Dafür habe ich keine Worte. Ich weiß nur, dass es da steht.

Ich dachte unsere Liebe ist zu am Ende, aber irgendwie scheine ich an einem Punkt zu sein, an dem sie in Wahrheit beginnt. Sie ist immer noch da. Meine Liebe für dich.

An diesem Tag ist mir nicht bewusst, dass man nur für sich selbst wünschen soll. Alles andere ist manipulierend. Bitte verzeih mir.

Es sind so viele Puzzleteile. Es fügt sich eins zum anderen. In diesen Tag schlägt mein Herz manchmal so schnell in meiner Brust. Es ist als ob es anders klingt und schwingt. Das sind die Dinge, die sich so vollkommen anders und unbekannt anfühlen.

Ich schreibe dir morgen wieder - an Tag 6 ohne dich.

Tag 6

Erinnerst du dich als die Tage gerade mal zweistellig waren und wir voller Liebe? Da war vielleicht noch alles offen. Es war eine wunderschöne Zeit. Wir waren beide besessen und hingen am Handy. Süchtig nach Worten des Anderen, nach Icons und es war einfach schön zu sehen, dass der Andere auch online ist. Wir konnten nicht genug von einander erfahren. Und wir konnten nicht genug von uns erzählen. Über unsere Gefühle reden. Den Anderen ganz tief hinein schauen zu lassen.

In der Zeit haben wir viel rumgeblödelt und rumgewitzelt. Irgendwann hab ich dir geschrieben, dass unsere Liebe, unsere Geschichte, ein Buch wird. Jetzt ist es so.

Eine andere Erinnerung, ganz lange her. Fast 14 Jahre her, damals lebte ich auf der Höri. Laue Frühlingsnacht Mitte Mai, Kirschbäume in voller Blüte. In der Abenddämmerung mit dem Cabrio unterwegs in Richtung Schweiz. Es war eine ganz besondere Nacht. Da wollte ich zum ersten Mal ein Buch schreiben. 14 Jahre her. Die Idee hat lange in mir geruht und ist jetzt mit aller Energie da. Dieses Jahr damals war ganz ähnlich wie das letzte. Schmerzhafte Ent-Täuschung, Worte fehlen, Gespräche verstummt, Lügen. Es war schon vor dir da. Es hat sich mit dir noch mal wiederholt. Mein Thema ist das gleiche. Diesmal intensiver und schmerzhafter. Ich sehe es als Chance es auf zu lösen und ziehen zu lassen.

Was siehst du wenn du zurück gehst in das gleiche Jahr? Lass sie auf deiner inneren Leinwand vorüber ziehen. In diesem Jahr heiratest du und wirst zum ersten Mal Vater. Und seitdem lebst du mit Lügen und Lügen und

Lügen. Kannst nur im Verborgenen und Verbotenen du selbst sein. Es vergiftet dich schon bevor du 40 bist. Dein Körper zeigt es dir und du kannst den Zusammenhang noch nicht erkennen. Das ist keine vererbte Familienkrankheit. Vererbt sind die Verhaltensweisen und die machen dich krank. Die Leber ist ein Entgiftungsorgan. Sie reinigt und sie kommt schon seit einiger Zeit nicht mehr hinterher. Stef – bitte verstehe. Werde klar. Werde gesund. Pass auf dich auf.

Wie geht es dir heute? Was machst du? Wie verbringst du deine Tage? Ich darf es dich nur noch in Gedanken fragen. In Gedanken bin ich bei dir, immer wieder. Denkst du noch manchmal an mich? Ist da immer noch so viel Zorn und Wut auf mich? Ich weiß, darunter ist die Liebe.

Mit Liebe
Julia

Geschrieben an Tag 7
von Tag 6

Eine Lichtgeschichte - Es gibt einen Parkplatz oberhalb des Sees mit einem wunderbaren Blick über die Lindauer Bucht, Österreich, Appenzeller Land, Schweiz. Verschneite Winterlandschaft. Düster ist die Stimmung über dem See. An einer Stelle bricht die Sonne durch und wirft strahlend helles Licht auf die Wasseroberfläche. Dort ist der Himmel aufgegangen. Wie ein Tor in eine andere Welt. Öffnet sich da der Himmel für mich? Tief da drinnen spüre ich, dass er weit offen ist. Wie schön wäre es jetzt auch so im hellen Licht, in der Sonne zu sein. Der Gedanke zieht vorüber. Keine Minute später blendet mich die Sonne. Die Stelle auf dem See ist unverändert. Im Radio singt Gregor Meyle „denn du bist das Licht – wenn all das was vor dir liegt auf einmal nen Sinn ergibt". Eine Lichtgeschichte mit Magie.

Heute hatte ich mein Vorstellungsgespräch und ein jetzt einen tollen Job. In einer Woche fange ich an. 20 Stunden an 4 Tagen. Für mich mit meinem kleinen Mikrokosmos perfekt. Jetzt gibt das was vor mir liegt auf einmal nen Sinn für mich. Stefan, ich freu mich so. Jetzt passt es für mich.

Bis dahin habe ich noch ein paar Tage zum Schreiben. Bei mir sein. Bei dir sein. In den letzten 24 Stunden warst du manchmal so nah und manchmal schon so weit weg. Als ob ich abgehoben habe in ein anderes Leben. Manchmal bin ich traurig, da fehlst du mir und die Zeit in der wir uns nah waren, du gerne mit mir und über alles. Das vermisse ich.

Wie geht es dir? Wo bist du? Was machst du? Musstest du gehen? Wo bist du untergekommen? Oder bist du wieder geblieben? Ist deine Wut auf mich immer noch so groß oder vermisst du mich manchmal auch? Ist da noch Liebe für mich oder alles verbrannt, in Asche zerfallen? So vieles, was ich dich nicht mehr fragen darf. Ich würde es gerne wissen. Sehen wir uns irgendwann wieder? Ja das tun wir - wenn die Zeit reif ist. Dein Bild und du – ihr seid irgendwie noch da. Du willst nicht gehen.

Und doch ist schon ein anderes da. Ein Bild das sich hier bei mir sehr wohl fühlt. Ein strahlendes glückliches Bild ist es. Nicht du. Das macht mich traurig. Ich weiß. Loslassen. Neubeginn. Es ist viel zu viel schief gegangen. Unsere Basis ist platt gemacht. Du wirst viel Zeit brauchen um dich in deinem Trümmerfeld zu finden. Und dir ein Leben so aufzubauen, dass es für dich passt. Ich weiß, dass du das alleine tun musst. Ich bitte dich um deine Freundschaft – nur in Gedanken. Das wäre schön. Und dass du mir verzeihst. Irgendwann.

An Tag 1 schreibe ich meine Wunschliste:
Ich habe meinen Herzmann
Ich habe meinen Seelenpartner
Eine Partnerschaft voller Liebe und Vertrauen, die mich sehr glücklich macht
Ich verbringe viel Zeit mit meinem Partner
Ich habe mit meinem Herzmann eine sexuell sehr erfüllende Verbindung

Ich liebe das Leben und das Leben liebt mich
Ich bin in meiner Mitte
Es ist in Ordnung meinen Impulsen zu folgen
und ich bin beschützt
Ich habe meine wahre Berufung
Ich verdiene mehr Geld wie ich ausgebe
Ich habe einen wundervollen Arbeitsplatz
In mir und in meinem Leben ist Klarheit und
Ordnung
Ich bitte um Frieden mit Stefan

Und ich sage danke:
Danke für die Klarheit
Danke für das Herz meiner Kinder und ihr
Vertrauen
Danke für den Umzug
Danke für meine Herzfreundin
Danke für die freien Tage
Danke für Wohlstand und Geld
Danke für meinen Mut
Danke für die Zeit mit Stefan
Danke für Ehrlichkeit
Danke für die Geschenke des Lebens
Danke für die Liebe in mir, die noch immer da
ist
Danke für die Ruhe und den Frieden in mir
Danke für die Arbeit

Das sind keine Herzrhythmus-Störungen in mir.
Mein Herz schwingt vor lauter Freude und
Dankbarkeit. Alles ist gut.

Weißt du was ich mach, wenn das hier fertig ist? Ich lass es drucken. Und weil es am meisten Spaß macht Dinge zu tun bei denen alle sagen „das kannst du nicht tun" werde ich das mal tun: Ich werde das fertige Buch nehmen und eine paar davon an Stefan-Julia Plätze legen. Grabkapelle. Unsere Bank auf dem Spielplatz im Wald. In die U-Bahn mit der du fährst. In diese kleine bezaubernden Kneipe in Untertürkheim. Eins davon findet dich, vielleicht nicht gleich sofort, aber das macht nichts. Somit respektiere ich deinen Wunsch. Und auch nicht. Ja, ich weiß.

Danke, dass du es liest.

Mit Liebe direkt aus meinem Herzen – Du bist da ganz tief drinnen und wirst dort immer sein. Gute Nacht mein Schatz.

Tag 8

Ich stehe und lausche. In mich. Wie schreibe ich weiter? Ich habe Zeit geschenkt bekommen. Drei freie Vormittage. Mittwoch, Donnerstag, Freitag. Unsere Geschichte erzählen? Echt? Puh. Mich an die so wundervolle Zeit mit dir erinnern?! Und an die vielen Momente und Situationen, in denen es mir das Herz aus der Brust gerissen hat. Bestimmt heilsam. Muss mich noch ein wenig damit anfreunden, dann mach ich's! Heute lieber noch nicht.

Ach was, ok. Mein erster Schritt. Ich mache den Schuhkarton auf. Darin der Anfang unserer Geschichte. Emails, Whatsapp-Nachrichten, Sms, Fotos. Ich fange an zu lesen. Es fängt mich sofort ein, mit den allerersten Worten. Bin so verzaubert. Getröstet. Wunderschön. Und ich bin froh, dass ich es gesammelt hab – „des ganze Zeugs".

Ich fang mitten drin an. Eine Situation, die ich im Nachhinein witzig finde und gleichzeitig bin ich ohne Worte. Lies selbst. Erinnerst du dich daran? Ich hab nichts dazu gedichtet oder weggelassen. Ich finde es sofort, greife einfach in den Blätterstapel.

Es ist Tag 70, 14:03

J: Herr XXX, irgendwann schreib ich ein Buch über uns und werde reich und berühmt
J: Wenn du lieb bist bekommst du nen anderen Namen
S: Ich bin mir keiner Schuld bewusst. Ein Buch, nette Idee, was schreibst du da denn rein? Und wie soll es heißen? Im Übrigen bin ich immer lieb. Nur auf Wunsch nicht!
J: Das schreibt sich fast von alleine. Kennst du „Gut gegen Nordwind"? Titel noch offen! Vorschläge?
S: Kenn ich nicht.

24

J: Google hilft.

S: Die Schöne und das Biest!? Was bekomm ich denn jetzt für einen Namen?

J: Nein, ich bin kein Biest. Weiß ich noch nicht. Wünsche?

S: Du wärst in dem Fall auch die Schöne gewesen! Ich dachte du hast schon einen

J: Ich arbeite dran

J: Jetzt hab ich einen: What's up !

S: Nein, ich glaub da gibt es noch einen besseren Titel, vielleicht fällt mir noch was Gutes ein.
Ich fände "Nothing else matters " nicht schlecht - hat was und hilft bekanntlich immer

S: Wie sieht eigentlich meine Provision aus, wenn du mit dem Buch reicht wirst?

J: Du kriegst die Hälfte, wenn du mir nachts die Füße wärmst.

J: Ansonsten spende ich deine Hälfte dem Tierheim.

S: Dafür will ich nix! Wenn ich bei dir sein kann, dann mach ich das ganz umsonst

S: Wie Nobel!

J: Das findest du jetzt nicht lustig. Gell!

S: Nein, ich find das sogar gut!

J: Echt?

J: Nein. Ansonsten zahl ich dein Haus ab und ... heimlich!

S: Ja klar, ich seh mich schon deine Füße wärmen

J: Und dann muss ich dich leider mitnehmen. I am sorry ... nicht heimlich

S: Oh Gott. Ich werde entführt. Ich ergebe mich, dann kannst du mit mir machen was du willst!

J: Gut. Dann teste ich mit dir den Alltag und wenn du bestehst, behalte ich dich. Ganz einfach.

S: Ich streng mich dann auch ganz doll an, damit ich bestehe

Als ich den Schuhkarton an Tag 880 öffne kommt mir das vor wie die Büchse der Pandora. Heute ergibt alles seinen Sinn. Der Kreis schließt sich für mich. Es fügt sich ein Teil zum Nächsten und wird zu einem Ganzen.

Tag 9 – irgendwie anders

Wir kehren zurück ins Leben. Schulbeginn für die Kinder. Arbeitsbeginn für dich. Ich wache auf. Der Wecker hat noch gar nicht geklingelt. 5:50. Das war in den letzten 12 Monaten unsere Zeit. Du warst auf dem Weg zur Arbeit und wir haben gechattet. Immer. Jeden Montag bis Freitag. Es gab keinen Morgen an dem du mich nicht geweckt hast. Das kleine Symbol oben links auf dem Smartphone war immer da. Doch es gab ein paar Tage – irgendwo zwischen Tag 760 und 770.

Mein Herz klopft, eine Kette um meine Brust. Du bist unterwegs mit der S-Bahn. Für mich fühlt es sich so an: Du hast mich die letzten Tage verdrängt. Hast dich verschanzt in einer Burg aus Trotz und Wut. Du willst nicht, dass ich da bin und willst auch nicht an mich denken. Aber ich bin immer noch da und gleichzeitig auch nicht.

Für mich ist es gerade sehr präsent, dass du nicht mehr da bist. Wenn es das war, was du mir immer gesagt hast, dann … ja was dann, dann …

Heute möchte ich dir von Tag 1 schreiben. Ein warmer Sommertag Anfang August. Ich verabrede mich mit einer Freundin für das Weinfest am See. Wir bummeln plaudernd dort hin. Es ist noch nicht viel los. Wir treffen Freunde. Versorgen uns mit Getränken. Ich habe noch nicht gegessen. Kalamares mit Knoblauchdip *schmacko*. Wir suchen uns einen Stehtisch. Ich weiß gar nicht mehr, ob wir uns ganz frech zu dem Autoverkäufer und dem Manager dazu stellen oder andersrum. Das ist auch nicht mehr wichtig. Euer Autoverkäufer, sehr kommunikativ, sehr nett, tut das was er am Besten kann. Er kommuniziert mit uns.

Es ist gleich lustig. Er erzählt uns, dass ihr eine Radtour um den Bodensee macht und morgen früh startet. Die Sätze fliegen hin und her. Um uns herum sammeln sich immer mehr Freunde. Und dann seid ihr auch zu viert. Du bist auch da. Und schon ziemlich angeheitert. Mir definitiv zu angeheitert. Zu sehr am baggern. Mich stößt das ab. Das mag ich überhaupt nicht. Du willst Deinen Arm um mich legen. Du willst mit mir an den Strand gehen. Du willst meine Telefonnummer. Nein Stefan. Lass mal gut sein.

Ich gehe kurz weg und sehe wie du gefällig meine Figur nachmachst. Von mir angetan bist. Dass du wohl etwas abwertend über mich redest während ich weg bin – das erfahre ich auch. Ich halte mich lieber an den Autoverkäufer und euren Manager. Flirte, lache, tanze, bin ausgelassen. Genieße den Abend ohne Hintergedanken, vergesse meinen Alltag und auch meinen Kummer.

An diesem Abend sind wir irgendwie alle beschwingt und wie beschwippst vom Leben. Ich fühle mich so lebendig, so sehr Julia. In dieser Laune verabreden wir uns für Sonntag zum Schwimmen am See. Meine Mail-Adresse bekommt der Manager und mit dieser Adresse schreibt sich unsere Geschichte. Und es beginnt eine wundervolle Zeit.

Wir sehen uns zwei Tage später wieder. Ihr seid alle ziemlich platt. Der eine mehr, der andere weniger. Am lebendigsten ist der Autoverkäufer. Du verziehst kaum das Gesicht. Deine Augen versteckst Du hinter der Sonnenbrille. Auf der Plattform auf dem Wasser pennst du schier weg. Das geht so ja gar nicht. Zurück an Land nehme ich dir frech die

Sonnenbrille ab und schau dir in die Augen.
Waren die vor zwei Tagen auch schon so blau?
Was ich sage weiß ich nicht mehr.

Ein paar Stunden später:

Tag 3 /880 17:55 Stefan an Julia
Betreff: Schweigen ist Gold....
Hallo Julia,
sorry, dass ich heute so schweigsam war. War
einfach fertig und müde. Hatte also nichts mit
dir zu tun!!!!! Hab mich sehr gefreut dich heute
nochmals zu sehen. Du hast ne Art, die ich sehr
mag.
Grüße vom müden Skorpion
Von meinem Iphone gesendet

Tag 3 / 880 22:01 Julia an Stefan
Betreff: AW: Schweigen ist Gold....
Hey Stefan,
ich bin überrascht – mit dir habe ich am
allerwenigsten gerechnet. Ist ok, kein Problem.
Du gefällst mir nüchtern, auch wenn
schweigsam, wesentlich besser. Gut heim
gekommen?
Grüße vom nichtmüden Stier
Nicht vom Iphone ☺

Tag 4 / 880 0:32 Stefan an Julia
Betreff: AW: Schweigen ist Gold
Hi,

wieso hast du mit mir am allerwenigsten gerechnet? Musste halt dem Pete über die Schulter gucken um deine Mail-Adresse zu sehen *g* die Handynummer konnte ich mir auf die Schnelle nicht merken, sonst hätte ich dir ne Sms geschickt.
War ich denn so schlimm am Freitag? Dann entschuldige ich mich dafür!!! Das muss am Bodenseewein liegen ☺ Hatte ja auch nicht viel zu sagen, das hat der ja der Autoverkäufer übernommen :☺
Der Verkehr war etwas zäh, waren dann kurz vor 20:00 Uhr zurück. Konnte wie erwartet im Auto nicht schlafen, dementsprechend bin ich jetzt drauf. Muss noch bis 6 Uhr arbeiten und kann meine Augen kaum offen halten. Sch... Idee diese Woche Nachtschicht zu machen.
Der Spruch mit dem Iphone wird automatisch angehängt, da hab ich keinen Einfluss drauf.
So, jetzt werde ich mal schauen was die Arbeit macht und dir wünsch ich schöne Träume.
Liebe Grüße vom wahnsinnig müden Skorpion
Und diesmal nicht vom Iphone ☺

Tag 7 / 880 23:55 Julia an Stefan

Ich finde du hast jetzt lang genug
geschwiegen. Ich könnte ein wenig
Aufmunterung gebrauchen ;-)
LG vom geknickten Stier

Tag 8 / 880 19:17 Stefan an Julia
Betreff: Re: AW: Schweigen ist Gold....
Hallo schöne Frau,
Was ist denn los? Hat dich jemand geärgert?
Dem werde ich mal den Rost runter holen!
Sorry, dass ich so lange geschwiegen habe, bin
a bissle im Stress *schwitz*. Ich arbeite als
Instandhalter / Elektronik. Das heißt ich
repariere und programmiere die Maschinen
und schau dass die Dinger produzieren können.
Was soll ich tun um dich aufzuheitern?
Purzelbaum? Singen? Nein, das willst du nicht
hören. Ich kann ganz passabel Gitarre spielen ;-
)
Wünsch dir noch nen schönen Abend - ich darf
ja wieder ins Geschäft ☹
Grüßle
der schweigsame Skorpion
Von meinem Iphone gesendet

Tag 9 / 880 6:53 Julia an Stefan
Hey Stefan,
jetzt hast du ein Lächeln und ein Schmunzeln in
mein Gesicht gezaubert. Ich nehme die Gitarre,

geht das mit Lagerfeuer? Sonnenuntergang ist auch ok.

Ich bin seit ein paar Tagen ziemlich verspult. Ich war diese Woche mit meinem Vater auf der Beerdigung meines Lieblingscousins. Und seitdem stehen bei mir alle Schleusen offen. Keine Ahnung, was da gerade alles raus muss. Mir kullern schon wieder die Tränen übers Gesicht. Gerade ist alles anders, verschiebt sich so vieles. Am liebsten würde ich gerade am Meer sein und einfach nur laufen. Funktioniert leider nicht.

Wenn du das liest bist du bestimmt durch für diese Woche. Ein sonniges Wochenende, genieß es, das Leben ist manchmal viel zu kurz. LG Julia

Tag 9 / 880 13:11 Stefan an Julia

Guten Morgähn,

das tut mir leid mit deinem Cousin. Mein herzliches Beileid. Ich kenn das Gefühl, wenn es einem den Boden unter den Füßen wegzieht und man alles mit anderen Augen sieht. Als mein Vater gestorben ist ging es mir auch so. Ok, Gitarre ist gebongt. Wie wäre es mit Lagerfeuer und Sonnenuntergang?! Romantisch, romantisch ☺. Da muss ich dann aber noch fleißig ein paar lagerfeuertaugliche Lieder üben. Wünsche??

…..

Du darfst dich gern mal melden, wenn du wieder in der Nähe bist, dann hoffentlich nicht wieder zu so einem traurigen Ereignis. Vielleicht können wir dann ja mal nen Kaffee trinken gehen oder am Lagerfeuer sitzen ☺
Ich wünsch dir auch ein schönes, sonniges Wochenende
LG Stefan

Tag 9 / 880 15:09 Stefan an Julia
Betreff: a kleins Geschenkle
Hi,
ich bin es noch mal. Hab gerade einen Song für dich aufgenommen. Es ist mein absolutes Lieblingslied: Nothing else matters.
Hab das Lied nach dem Tod meines Vaters hoch und runter gehört. Irgendwie hat es mir geholfen, auch wenn dann immer Depri-Stimmung angesagt war. Die Gitarre, die du hörst, das bin ich. Bin noch am Üben. Also nicht schimpfen. Außerdem bekomm ich sofort feuchte Augen und ne mega Gänsehaut, wenn ich dieses Lied höre oder spiele. Hoffe es gefällt dir trotz kleiner Fehler
LG Stefan

Tag 9 / 880 22:32 Julia an Stefan
Guten Abend lieber Stefan,

vielen Dank für das Geschenkle, ich weiß gar nicht was ich sagen soll. Dieses Lied wurde mir schon einmal gewidmet. Vor vielen Jahren. Auch von einem Stefan. Leider ist er aus meinem Leben danach verschwunden. Und es gibt immer noch Tage an denen ich ihn sehr vermisse.

Vor einigen Wochen habe ich sehr intensiv an ihn gedacht. Und mir folgendes gewünscht: Ich wünsche mir den Metallica-Stefan in mein Leben. Und jetzt bist du da! Das macht mich sprachlos und staunend.

Heute hatte ich viel um die Ohren – hat die Traurigkeit vertrieben. Mich zurück ins Leben geholt. Ich les gern von dir.

Schlaf gut, aber mit Nachtschicht im Blut haust du dir wahrscheinlich die halbe Nacht um die Ohren, oder?

Julia

Mein Cousin war 59, hatte Anfang des Jahres Herzprobleme, war in Behandlung und hat viele Gewohnheiten umgestellt, hat aber nicht mehr gereicht.

Tag 10 / 880 22:32 Stefan an Julia
Hallo Julia,
tut mir leid, wenn ich mit dem Lied alte Wunden aufgerissen hab. Das war nicht meine Absicht. Allerdings, ein lustiger Zufall ist das schon.
(A.d.A.: Zufall ☺)

Ich kann dir ja nächstes Mal Master of puppets schicken. Das hat dir bestimmt noch keiner gewidmet *fg*

Ich muss jetzt noch diese Woche arbeiten, dann hab ich drei Wochen Urlaub und wir fliegen für 2 Wochen nach Spanien.

So, jetzt hab ich dich aber genug vollgetextet. Das bist du ja gar nicht gewöhnt von mir *g*

Freu mich auf deine Antwort!!! Ich lese auch gern von dir.

Schlaf gut und träum was Schönes....

LG Stefan

Einfach nur Tag 10

Was soll ich sagen? Was soll ich schreiben? Ich habe so ne Wut in mir! Möchte dich so vieles fragen. Möchte Antworten von dir. Und ich weiß, dass selbst wenn du vor mir sitzen würdest, du könntest sie mir nicht geben. Weil du sie nicht mal kennst. Weil du nicht gelernt hast über Gefühle zu sprechen. Weil du die Stimme deines Herzens nicht hörst. Du gibst ihr gar keine Chance, übertönst sie.

Für mich öffnet das Lesen unserer Mails den Weg zu meinem Herzen und zu meinen Gefühlen. Das macht mich traurig. Gestern macht es mich wütend. Ich war müde, wollte nicht mehr schreiben. Und ich hatte Angst.

Aber es ist ja nichts neues was ich da spüre, alles schon da. In mir. Der richtige Weg für mich, wie ich mit meinem Herzschmerz am Besten klar komme, ist mich damit zu beschäftigen. Zu schreiben.

Ich möchte dich anschreien, dich schütteln. Stefan, was hast du dir nur gedacht? Ich kann das nicht verstehen. Immer noch nicht. Es will nicht in meinen Kopf. Was war ich für dich die letzten geschissenen 880 Tage? Ja genau so fühlt es sich jetzt gerade eben an GESCHISSENE 880 TAGE.

Ich habe es dir deutlich gesagt, dass ich keine Lügen mehr will. Dass ich Ehrlichkeit und Vertrauen möchte. Dass ich möchte, dass wir ehrlich miteinander umgehen. Dass ich mich auf keinen anderen Flirt mehr einlasse. Und ich habe dir auch gesagt, dass ich nicht will, dass du weiter Sex mit ihr hast. Und batsch hat das Universum gemacht und prompt geliefert. Gilt auch für mich! Nein und Kein kennt es einfach nicht.

Ich habe dir gesagt, dass du mich in Ruhe lassen sollst, wenn du weiter vorhast eine körperliche Beziehung mit ihr zu haben. Und dass Mann auch Nein sagen kann. Aber das kann Mann wohl nicht. Hat dich alles nicht interessiert, nen Scheiß hat es dich interessiert. Deine Worte: Es tut mir so verdammt leid, es ist einfach passiert.

Stefan, mir tut es auch leid, es ist halt einfach passiert. Das was danach kam. Einfach passiert. Es war fällig, denn sonst wäre es nicht passiert. Wer sich selbst und seine Partnerin 14 Jahre betrügt und nicht ehrlich zu irgend jemanden ist, der steht irgendwann alleine da. Und hat dann viel Zeit zu sich selbst ehrlich zu sein und die Waage ins Gleichgewicht zu bringen. Weißt du wie viele Tage 14 Jahre sind? 5110 Tage.

Du hast über mich gelächelt, wenn ich gesagt hab, dass ich genau wusste wann du mit ihr geschlafen hast. Du dachtest immer ‚nein, das kann sie nicht wissen'. Eine Ahnung, ein siebter Sinn, ach was. Du hast dir diesmal auch sehr viel Mühe gegeben es zu verstecken. Hat nicht funktioniert.

Ich wusste es vorletztes Jahr in den Sommerferien. Da hat dein schlechtes Gewissen dich einen Tag und eine Nacht nicht schreiben lassen. Ich wusste es letztes Jahr in den Sommerferien. Nach ein paar Tagen ist die Stimmung deutlich umgeschlagen, obwohl du dir Mühe gegeben hast den Schein zu wahren.

Diesmal wusste ich es nicht sofort. An Tag 878 kam die Ahnung und einen Tag später die Bestätigung. Den genauen Wortlaut bekomme ich nicht mehr hin. Und ich gebe es mir nicht, das im Chat nachzulesen. An Weihnachten habe ich dir geschrieben, dass du meine große

Liebe bist. Und du bist nicht darauf eingegangen. Da hat es mein Herz gefühlt. Wahrhaben wollte ich es nicht! Und an Tag 878 war noch mal was in diese Richtung. Du hast mir meine Angst, dass du mit ihr geschlafen hast, nicht genommen. Auch nicht widersprochen. Der Anfang vom Ende.

Manchmal stehen mir die Tränen in den Augen. Weinen kann ich nicht. Wann kommt das? Ist mein Herz versteinert? Wann kommt der Schmerz? Wir haben nicht gut aufeinander aufgepasst. Und doch haben wir es so gut gemacht, wie wir konnten. Alles gegeben.

Was ist das für eine Art von Liebe? Wie liebst du? Was bedeutet es in deiner Welt, wenn du sagst, dass du liebst? Das ist mir so fremd und doch würde ich dich so gerne verstehen.

Ich wusste, dass wir es erst ganz am Ende sein müssen um eine Chance zu haben. Musste das so sein? Anscheinend. Erstmal der komplette Schnitt.

Wenn mich etwas beschäftigt, ich Antworten brauche gehe ich über Bücher. Hole mir Input. Die Statistik sagt 1:10. In einem von zehn Fällen verlässt ein verheirateter Mann seine Frau um mit seiner Geliebten zu leben. Von Beginn an kenne ich diese Statistik. Und ich hab lange gesagt, ich bin Nummer 1 und nicht Nummer 2 bis 10.

Jetzt schüttelst du bestimmt wieder den Kopf über mich. Schüttle ruhig. Im Wissen, dass ich immer das bekomm, was ich mir wünsche, weiß ich dass wir uns wieder sehen. Ich muss nichts anderes tun als abzuwarten. Warten. Leben. Meinen Weg gehen. Wir sind noch nicht durch miteinander.

In diesen Tagen laufe ich drei bis vier mal am Tag an meinen Briefkasten. Hast du mir endlich meinen Schlüssel geschickt? Warst du da und hast ihn eingeworfen? Ich habe dich drum gebeten. Manchmal kommt Angst in mir hoch. Was tue ich wenn du dich nicht mehr unter Kontrolle hast? Dann denke ich, wenn er nicht zu mir kommt, du ihn mir nicht zurück gibst, dann brauchst du ihn noch.

Tag 11 / 880 8:18 Julia an Stefan
Guten Morgen Stefan,
irgendwie hab ich heute nicht mit dir gerechnet. Überraschung am Morgen. Alte Wunden sind es keine, schöne Erinnerungen und vielleicht ein wenig Wehmut. In meinem Kopf gibt es so was wie „man begegnet sich zwei Mal im Leben" und damit komm ich gut zurecht. Den Menschen, dem ich nicht mehr begegnen will, mit dem hab ich die 2. Begegnung schon durch. Diese dauerte 11 Jahre und war mit 30 vorbei. Lange her. Jetzt hab ich den Faden verloren, also irgendwann

werden der andere Stefan und ich uns schon noch mal über den Weg laufen.

Nächstes Wochenende fahre ich zu meiner Mutter. Viel freie Zeit…..

So los geht's

Herzlichst Jule

Stefan, von mir aus kannst du die Gitarre auch zu Hause lassen. Ich freu mich, wenn ich dich irgendwann so wiedersehe ☺

Tag 11 / 880 22:01 Stefan an Julia

Guten Abend,

die Arbeitswelt hat mich wieder. Gelle, bin doch immer wieder für Überraschungen gut. Hoffe du hast vor lauter Überraschung deinen Kaffee nicht verschüttet.

Ok, bei dem „man sieht sich immer 2x im Leben" nehme ich dich gern bei Wort!!! Aber ich kenn das auch - bei mir dauert's nun schon fast 20 Jahre ;-)

Aha, dann machst du dir bei deiner Mutter also nen faulen Lenz. Wo wohnt sie denn genau in Stuttgart? Dann komm ich und mach dir Beine ;-) und die Gitarre bleibt daheim *g*

Wünsche dir noch einen schönen Abend, eine gute Nacht

Stefan

P.S.: Hattest heute Mittag Besuch?

A.d.A.: Ein paar Mails sind verloren gegangen. In Nirwana des Netzes. Sie fliegen so hin und her und es kommt wie es kommen muss – Wir verabreden uns. Ich mache Andeutungen und du schreibst, wenn ich dich sehen mag soll ich es einfach sagen

Es ist Tag 15 in unserer Zeitreise. Das Date – an Tag 15 um 18:00 an der Grabkapelle. Ich weiß es noch ganz genau. Die Fahrt dorthin. Meine Gedanken. Meine Gefühle. Und unser erste Kuss.
Ich werde weiter schreiben. Ich hab dich so geliebt. Was es jetzt ist - spür ich nicht. Mir fällt kein Wort ein. Es hat heute keinen Namen.

Der Schuhkarton ist eine Schatzkiste. Da hatte ich eine sentimentale Phase – schaut so aus – ich hab deine Sms von Hand aufgeschrieben – sie sind von diesem Tag:

Diese erreicht mich auf dem Weg zu unserem Treffpunkt: Freust Du Dich noch?

In der Nacht und den nächsten Tagen schickst du mir das:

Ich zittere immer noch. Ich fand es wunderschön heute mit dir. Leider ist die Zeit so schnell vorbei gegangen. Hoffe wir können das bald wiederholen! Küsse dich ganz zärtlich.

Ich werde dich auch ganz fest in meinem Herzen behalten. Und das Handicap gibt es nicht! Möchte dich so gern in meine Arme nehmen.

So wird es mir später auch gehen. Aber irgendwie hab ich ein lachendes und ein weinendes Auge. Vermisse dich! Würde gern neben dir einschlafen.

Hallo schöne Frau, lag bis gerade im Pool. Bin heute total neben der Spur. Bin verwirrt, glücklich, nachdenklich, alles auf einmal. Denke die ganze Zeit an dich! Miss you.

Wunderschönes Foto! Danke! Ich mach übrigens selten Scheiß ;-)

A.d.A.: Das kann ich so nicht bestätigen ☺

Ich will alles von dir

Ich verspreche es dir!!!

Hallo meine Süße! Wie geht es dir? Ich bekomm dich nicht aus meinen Gedanken. Wenn ich meine Augen schließe, sehe ich wie du auf der Bank neben mir sitzt. Vermisse dich sehr!

Das geht mir nicht anders. Kann an nichts anderes denken als an dich, deine wunderschönen Berührungen, Küsse

Mir geht's nicht besser. Vermisse dich jede Sekunde! War schön deine Stimme zu hören. Mag gar nicht nach Spanien...will zu dir

End of SMS

Fortsetzung von Tag 10

Jeden Tag rutscht du ein Stück weiter weg. Wenn ich erzähle, dass ich mich von dir getrennt habe bin ich erstaunlich gelassen. Hier zu Hause, wenn ich meine Ruhe habe, bin ich traurig. Traurig sein ist das Atemholen der Freude. Hab ich auch irgendwo mal gelesen.

Heute das erste Mal seit Wochen wieder meine Gitarrenstunde. Diese halbe Stunde ist mir so kostbar.

Lieber Gitarrenlehrer – falls du das irgendwann liest – du bist einer der Menschen, die mir gut tun und die ich in meinem Leben haben mag. Es war wunderschön heute mit dir zu spielen. Es war ganz leicht und zum Weinen schön. Die Gespräche zwischendurch erfüllen mich mit Freude. Herz zu Herz. Seele zu Seele. Pass bitte gut auf dich auf. Verliere nicht wieder den Boden unter den Füssen. Das sind kleine Sternstunden, Geschenke des Lebens mit dir.

Ich stehe in meiner Straße. Hier bin ich aufgewachsen. Das Gefühl in mir ist ganz stark und eine große Ruhe. Ich bin genau da, wo ich sein will. Ich bin am richtigen Ort. Wow, das tut gut. Dafür bin ich zutiefst dankbar.

Auf dem Weg zu meiner Wohnung ist dieses Gefühl auch da. Die kleinen Ortschaften, die sich an die Hügel schmiegen. Die ersten Lichter gehen an. Der weite Blick, der bis zur Alb geht. Ich bin angekommen. Endlich da wo es sich zu Hause anfühlt.

Wieder der Briefkasten und mein Herz schlägt höher. Ich mache das mittlerweile ungefähr drei bis zehn mal am Tag. Wann ist es so weit? Wird es kommentarlos sein, nur der Schlüssel? Achterbahn in mir. Muss ich Angst haben? Das sind Gedanken, die immer wieder da sind. Genauso wie die Fragen wie es dir geht und wie dein Leben jetzt aussieht. Das ist immer da. Meine Gedanken ziehen zu dir.

Heute Abend zerbrechen zwei Gläser gleichzeitig in meinen Händen. Glück und Glas - so leicht bricht das. Scherben bringen Glück!? Wird sich zeigen.

Heute hab ich einen wunderbaren Satz von Pierre Franckh gelesen. „Ein Nein kann manchmal ein großes JA zu uns selbst bedeuten". So empfinde ich es tatsächlich.

Die Kette um meine Brust - weg. Der Zwang aufs Handy zu schauen - weg. Nachdem es vorbei war konnte ich den gerade angenommenen Job kündigen. Ich wollte ich dir doch beweisen, dass ich gut bin und es schaffe alles zu vereinen und allem gerecht zu werden. Arbeit, Familie und Kinder. Eine Erfolgsfrau. Irgendwie so war es. Kurz noch Ordnung geschafft. Einen guten Job an Land gezogen. Nach einer kurzen Eingewöhnungsphase dann noch das letzte was zu meinem Glück fehlte. Du mein Schatz. Ha ha ha, lieber Verstand ich grüße dich. Es kommt immer anders wie man denkt.

Ich hab mich nicht getraut zu kündigen, weil ich nicht wollte, dass du meine Schwäche siehst. Und ich war so kreuzunglücklich. Hätte am liebsten schon am 2. Tag hingeschmissen. Egal, ich konnte gehen und bin jetzt das erste Mal in meinem Leben richtig in meinem Element und genieße meine Arbeit.

Wir sollten nicht so viel denken und gedanklich in die Zukunft galoppieren. Es kommt ja immer anders. Na ja, klar gibt es diesen Plan mit diesem Buch hier. Das ist auch in die Zukunft galoppiert. Das fühlt sich einfach gut an. Ich freue mich darauf und ich bin so neugierig. Wie ein kleines Kind. Finde es spannend, was das Universum aus dem hier macht. Das ist meine Motivation zu schreiben und zu schreiben und zu schreiben.

Nein, heute Abend möchte ich nicht mehr eintauchen in unser erstes Date. In das was uns ausmachte. In das was uns passierte.

Jetzt will ich mich einfach an diesen schönen Tag erinnern. An das Gefühl, wie schön es ist, wenn meine Gitarre zu singen und klingen anfängt. Das war zum Verlieben schön. Musik ist wie das Leben – Bewegungen, Schwingungen, E-Motions.

Bin froh, dass der Briefkasten heute leer geblieben ist und dass ich schreiben kann.

Tag 11

Ich wache gerädert auf. Ich bin um acht schon erschöpft und frage mich wie ich den Tag überstehe. Tiefe Traurigkeit. Auf dem Solar Plexus ein unruhiges Gefühl. Ok, dann halt eine Medi. Hilft und hilft auch nicht. Schon schweifen meine Gedanken wieder zu dir.

Es gibt nur den einen Weg. Alles anschauen. Alles von der Seele schreiben. Der Weg führt auch mich da hin wo es dunkel ist und wo es weh tut. Mittlerweile mit einem kleinen Unterschied. Ich war da schon ein paar Mal im letzten Jahr. Habe die Erfahrung gemacht, dass es schneller wieder hell wird, wenn ich es gleich mache. Egal wie lange GLEICH dauert.

Sie sagt, sie ist nicht mit dir zusammen, weil sie dich liebt oder weil du ein toller Mann bist. Sie sagt, sie ist nur mit dir zusammen, weil du ein sehr guter Vater bist. Sie sagt du hast eine hohe Erwartungshaltung von deiner Umwelt und nicht die Bereitschaft zu geben. Sie sagt, du sprichst nicht über deine Gefühle. Sie sagt alles was im Äußeren da ist wurde durch sie geschaffen. Sie sagt, sie hat dich nicht gezwungen zu bleiben. Sie sagt, sie hat sich extra noch Reizwäsche gekauft.

Ich war mit DIR zusammen, weil ich DICH STEFAN liebe. DU hast meine Seele gestreichelt. DU bist ein toller Mann. DU hast mir alles gegeben, was DU zu geben hattest. Es gab Zeiten, da hast DU viel über deine Gefühle gesprochen. Irgendwann hast du dich zurückgezogen. Der Grund dafür ist in dir, den weißt nur du. Alles was im Inneren und Äußeren da war wurde von uns beiden erschaffen. ICH liebe es mir schöne Wäsche zu kaufen und mich für DICH schön zu machen. Ich liebe es DEINE Freude und DEINE Bewunderung in DEINEN Augen zu sehen. Und ich liebe es mit DIR zu schlafen. Denn dann sprechen unsere Körper. Sie reagieren aufeinander als ob sie sich schon früher kennen. Grenzenloses Vertrauen. Die zwei Gegenstücke verschmelzen und werden eins.

Wie kann sie ohne dich zu lieben sich dir hingeben? Wie kannst du, ohne sie zu lieben, Sex mit ihr haben? War das Teil einer Vereinbarung? Sie versucht dir das zu geben, was sie meinte was du bei mir gefunden hast?

Was hat es bedeutet, wenn DU zu mir sagtest Ich liebe dich?

Wenn sich etwas einfach löst ist es Zeit dafür. Dann tut man dem anderen einen Gefallen es zu lösen. Das war es an Tag 880. Leider? Gott sei Dank?

Was macht ihr daraus? Hat es sich auch gelöst? Oder ist es immer noch nicht so weit? Müsst ihr noch weitere Erfahrungen miteinander machen? Ich habe gesehen, dass sie bei FB nicht mehr deinen Nachnamen trägt.

Ihr habt das gemacht, was ihr nicht machen wolltet. Nur wegen der Kinder zusammen bleiben. Ist das eine Basis? Kann das gut gehen? Es wird nicht gut gehen, wenn ihr nicht daraus lernen wollt und auf eure Herzen nicht hören wollt.

Ihr werdet einen Weg finden für eure Kinder gute Eltern zu sein. Ihr seid 13 Jahre für sie da gewesen. Und ihr werdet lernen mit dieser Situation umzugehen.

Du hast mir nie mein Buch zurückgegeben. Weißt du warum? Ich schon ☺ weil du es noch brauchst. In dieser Zeit. Ich wünsche dir Kraft, das für dich richtige zu tun. Ich wünsche dir den Mut auf dein Herz zu hören. Ich wünsche dir Liebe. Lerne für dein Handeln, für dich selbst, Verantwortung zu übernehmen. Gerade stehen. Verbiege dich nicht mehr. Verstecke dich nicht mehr vor dem Leben. Du hast gepokert – gewonnen? Verloren? Who knows?!

Wenn ich einfach nur gegangen wäre, dann wäre in einiger Zeit genau das Gleiche wieder passiert. Du hättest wieder eine Frau verzaubert, sie hätte sich aus ihren Begrenzungen für dich frei gemacht. Du wärst wieder im gleichen Muster gewesen wie mit mir.

Wenn die Zeit reif ist wirst du wieder jemanden verzaubern können und dich verzaubern lassen. Dann wirst du diesen Zauber leben können, deinen Gefühlen folgen und mit deiner Herzfrau die Liebe leben, das Leben feiern. Das wünsche ich dir schon heute.

Ich weiß, ein Geschenk fühlt sich anders an.

Ich danke dir für die gemeinsame Zeit. In 880 Tagen habe ich viel gelernt. Tue es jeden Tag weiter. Ich liebe dich. Auf Distanz. Aus der Ferne.
Ich kann dir schreiben. Wenn ich dir schreibe geht es mir gut. Dann komme ich zur Ruhe. Löst

sich meine Anspannung. Mein Solar Plexus wird ruhig und warm. Wie lange das anhalten wird mit dem Wunsch dir zu schreiben –keine Ahnung. Bis alles in mir gesagt ist. Bis ich morgens mit viel Freude und ohne Traurigkeit aufwache.

Mir fällt gerade wieder eine kleine Geschichte ein. Mag dich daran erinnern. Es ist eine von dir. Du hast sie mir geschrieben: Eine Tatortszene. Eine Frau stellt sich vor: Guten Tag mein Name ist Julia XXX und das ist mein Mann Stefan. Du hast geschmunzelt und dir verwundert die Augen gerieben über diesen Zufall. Mein tatsächlicher Name und ein Stefan auch noch dabei. Was für ein Zufall.

Es gab eine Zeit, da habe ich davon geträumt deine Frau zu sein. Da konnte ich mir mit dir einfach alles vorstellen. Konnte dir bedingungslos vertrauen.

Dann kam eine Zeit die für uns beide schmerzhaft wurde. Vertrauen erschüttert. Wir hatten Zweifel. Schaffen wir das? Sorgt das Leben für uns? Dürfen wir unsere Liebe endlich jeden Tag leben? Bleibt es auch besser, wie alles was wir bisher kannten?

An die Zeit in der du von Heirat und treu sein sprachst – an diese Zeit mochtest du dich schon bald nicht mehr erinnern. Sie sagt, du sagst es gab nie Zukunftspläne. Stefan, sei ehrlich zu dir. Was ist denn das? Hast du jedem von uns beiden immer das erzählt was wir hören wollten? Oder das es für dich am einfachsten gemacht hat?

Das Teufelchen, das auf meiner einen Schulter sitzt, kräht „ja er hat es sich einfach gemacht". Das Engelchen, auf der anderen Seite sagt „hör nicht auf den da drüben. Hör auf dein Herz". Es kann nicht alles nur berechnend gewesen sein. Da waren Gefühle, da war viel Tiefe und Vertrauen. Sonst wäre diese Hingabe niemals möglich gewesen. Hätten sich unsere Körper niemals so miteinander verstehen und verbinden können.

Seit dem letzten Sommer hat sich viel verändert. Es wurde weniger. Nur die Distanz wurde mehr. Du warst wie abgestumpft. Konntest kaum noch über deine Gefühle reden. Du wolltest mir nichts mehr versprechen, mich nicht mehr enttäuschen. Ich musste dich bitten mich anzurufen. Von alleine hast du es fast nicht mehr getan. Du hattest immer die gleichen Worte. Nur selten blitzte die Liebe noch durch. Du hast mir so oft geschrieben, dass du mich liebst. Jeden Tag. Manchmal kam es mir vor wie ein Mantra. Als ob du dich daran selbst erinnern wolltest, dass da in dir was wundervoll schönes schlummert. Konntest du dich überhaupt noch fühlen in den letzten Wochen?

Weißt du noch unser erstes Date? Auf dem Weg dorthin hast du mich noch gefragt, ob ich mich freue. Ja das tat ich. Und das habe ich dir auch zurück geschrieben. Und ich war wahnsinnig aufgeregt. Es war ein wunderschöner Sommertag. Ein kleiner Gedanke war da: Warum treffe ich mich mit dir? Was erwarte ich? Wie weit bin ich bereit zu gehen? Ich hatte nur eine Antwort, die nicht vernünftig war. Ich wollte es nur genießen. Diese Zeit mit dir. Den Augenblick leben. Und mir nicht den Kopf vorher schon zerbrechen. Was soll ich sagen? Es hat uns voll erwischt.

Ich war vor dir da. Und ich war so aufgeregt. Ja, ich wiederhole mich, ich weiß. Ich stand etwas oberhalb und schaute ins Tal. Untertürkheim und Stuttgart vor mir. Ein toller Ausblick. Küss ich dich gleich wenn du vor mir stehst? Das nächste Mal mach ich das. Aber nur wenn es an der gleichen Stelle ist. Behaupte ich heute mal ganz frech.

Endlich bist du da. Du kommst auf mich zu. Bermudas, Poloshirt, Flipflops und Sonnenbrille. Mir bleibt schier das Herz stehen. Aber dir geht es nicht anders. Wir begrüßen uns. Küsschen rechts, Küsschen links!? Ich weiß es nicht mehr. Wir laufen hoch zur Grabkapelle. Auf der Rückseite finden wir eine ruhige Bank und sprechen, erzählen uns ganz viel. Und ich kann mich nur noch an ganz wenig erinnern. Bis zu

diesem Tag war alles nur virtuell und nicht real.
Mail und Sms.

Du erzählst mir viel von deinem Vater. Wie er
war. Wie er gestorben ist. Wie wichtig er für dich
ist. Wie sehr du ihn bewunderst. Ich bin unruhig.
Muss mich immer wieder anders hinsetzen.
Irgendwann sind sich unsere Gesichter ganz
nah. Und ich frag dich leise ob ich mein Gesicht
drehen soll. Warum tu ich es nicht einfach? Weil
auch ich ganz lange die Stimme meines
Herzens nicht mehr hören konnte. So unsicher
bin.

Wir küssen uns. Und wir hören nicht mehr auf.
Da ist es um uns geschehen. Kein Entkommen
mehr. Kein Tropfen Alkohol im Spiel und wir sind
berauscht von einander.

Irgendwann kommt ein Aufseher und bittet uns
zu gehen. Die Grabkapelle schließt und die
Verwaltung will da oben keine Verliebten,
wenn es dunkel wird. Ein König baut seiner
Königin – vielleicht aus Liebe, vielleicht um sie zu
ehren – dort ihre letzte Ruhestätte. Es ist ein
wunderschöner Ort. Friedlich.

Hier oben wird es liegen Buch Nummer 1. Auf
dieser Bank, auf der ich mit dir saß und auf der
wir uns das erste Mal küssten. Wir stehen wieder
an der Stelle an der wir uns begrüßten. Wir
schauen hinunter, du zeigst mir wo du arbeitest.
Du machst dein Iphone an. Es kann nicht

anders sein - Nothing else matters. Ja Stefan –
nothing else matters. Alles andere zählt nicht. Es
zählt nur eins. Und so ist es auch heute noch.

Meine Hand passt genau in deine. Wenn du
deinen Arm um mich legst passe ich genau zu
dir, in deine Beuge. Gegenstück. Herzstück.

Heute ist Tag 12

Heute gibt es vier Geschichten, die ich dir
erzählen mag: Über ein Pferd, einen Gutschein,
einen Schlüssel und einen Fischreiher.

Ich fühle mich ruhig. Zu hause. Angekommen.
Es ist alles gut. Alles fügt sich. Ruhiges
Fahrwasser und die Dinge entwickeln sich
wunschgemäß.

Die Spülmaschine ist gekauft und wird an dem
Tag geliefert an dem es passt. Die Fliesen sind
angebracht und sehen gut aus. Es ist einfach
Dinge zu organisieren und anzugehen.

Wir fahren heute nach Reutlingen. Auf einmal
ruft meine Tochter „da ist ein Pferd – es ist
ausgerissen". Es galoppiert über die freien
Wiesen. Da erinnere ich mich, dass wir vor ein
paar Wochen das gleiche schon mal erlebt
haben. Im Nachbarort auch ein ausgerissenes
Pferd, das unseren Weg kreuzt. Nein, ich bin

nicht durchgeknallt. Ich bin nicht auf der Esoterikschiene. Bemerke manche Sachen, die für andere unwichtig sind und keine Bedeutung haben.

Ich habe in meinem bisherigen Leben noch kein einziges ausgerissenes Pferd gesehen. Und jetzt in so kurzer Zeit gleich zwei? Das ist ja wie ein Deja-vu.

Sag mir, wenn mir immer wieder das Gleiche in meinem Leben passiert, vielleicht ein wenig abgewandelt, kann es nicht sein, dass mich das Leben auf was stupsen will, mich auf was aufmerksam machen will?

Ein Pferd. Ein Sinnbild für Kraft, Lebensfreude, Freiheit, Wildheit. Und es kommt in mein Blickfeld.

Ich reagier hochgradig allergisch auf Pferde seit ich 19 bin. Mir schwellen die Atemwege zu. Ich bekomme keine Luft mehr. Eine Überreaktion des Körpers auf etwas ganz ungefährliches.

Ich schlage in Gedanken meine Brücke. Vom Pferd zu mir und meinem Leben und Gefühlen.

Ich öffne ein Buch und vor mir liegt ein Gutschein. Der Text des Gutscheines lautet: Gutschein für den Umtausch. Dieses Geschenk wurde für Sie ausgewählt. Gerne tauschen wir es um, wenn Sie etwas anderes wünschen. Bringen Sie Ihr Geschenk einfach mit diesem Gutschein zurück. Titel: Diesmal für immer

Verkaufsdatum:15.12.2014. Dieser Gutschein berechtigt zum Umtausch innerhalb von 6 Wochen nach Kaufdatum.

Ich reibe mir verwundert die Augen und staune über das was ich da lese. Natürlich, auf den ersten Blick einfach ne gute Idee der Buchhandlung.
Mir fällt dazu auch noch was anderes ein: Ich habe unsere Beziehung beendet mit dem Vorsatz „diesmal für immer". Es ist ein Geschenk, weil es mich befreit hat. Ich kann es umtauschen, wenn ich es wünsche. Innerhalb von 6 Wochen nach Kaufdatum. Musst du jetzt auch ein wenig schmunzeln? Ich schon. Es tröstet mich und macht mich friedlich. Ich kann mich wirklich dem Leben anvertrauen.

Schlüssel: Ich warte seit 12 Tagen auf ihn. Mein Herz schlägt immer noch wenn ich am Briefkasten stehe. Heute war tatsächlich ein Schlüssel drin. Für den Bruchteil einer Sekunde bleibt mein Herz stehen und dann fange ich an zu lachen. Nein, du warst das nicht. Es war der Schlüssel, den mein Handwerker hatte. Mittlerweile ist in mir folgender Gedanke: Wenn der Schlüssel da sein soll ist er da – dann brauchst du ihn nicht mehr.

Graureiher. Ich sehe sie gerade überall. Immer wieder. Oft fahre ich direkt auf einen zu. Oft ist er einfach da und bewegt sich nicht. Er wartet.

Warten. Innehalten. Mir bewusst werden worauf mein Fokus ist. Was ich bin.

Wer unbewusst ist, leider die meisten, auch du, merkt gar nicht, dass er gerade wartet. Unbewusste Gefühle sind in uns, wachsen und werden irgendwann geboren. Und in dem Augenblick der Geburt erschrecken wir über unsere eigene Kreation. Der Kreis schließt sich. Das Unbewusste, unsere größte Angst, wird zur Realität. Für dich. Für mich. Für mich ist es diesmal nicht mehr so schmerzhaft. Kann besser damit umgehen. Kapiere wenigstens warum es passiert ist. Jetzt gebe ich mir Zeit. Zum Spüren. Und fühlen. Und verstehen. Oder zu akzeptieren, auch wenn ich für manches noch keine Erklärung habe.

Meine Mutter bemerkt heute – wenn du anfängst mit den Menschen zu sprechen, fangen sie an dich wahrzunehmen, dich anzustrahlen und sind fasziniert von dir. Hängen an deinen Augen. Ist das so? Ich bin nur ich selbst. Versuche mein Herz zu hören. Suche nicht mehr. Bin. Ich weiß was meine Seele streichelt, was mir gut tut und mein Herz zum Singen bringt.

Das schlechte Gewissen weicht immer weiter zurück. Hab ich durch das Wort Verantwortung ersetzt. Es kam genau so, weil es genau so kommen sollte. Es war fällig. Es wäre eh gekommen.

Ich muss nicht mehr mit deiner Lebenslüge leben. Du hast mich mit ins Boot genommen und sie mir mit aufgebürdet. Ich hab sie lange mitgetragen. Dann hat sich meine Vorstellung von meinem Leben verändert. Es hat nicht mehr gepasst. Es war nicht mehr in der Waage. Nichts mehr. Meine Beziehung zu dir. Deine Beziehung zu dir. Eure Beziehung zueinander. Meine Beziehung zu mir.

Irgendwann fing ich an auf diese leise Stimme in mir wahr zu nehmen. Ich konnte und wollte sie nicht mehr ignorieren. Ich begann mir selbst treu zu werden. Und jetzt werde ich immer besser drin dieser Stimme zu lauschen und mache was sie mir sagt. Es ist ganz einfach. Und jetzt – jetzt geht es mir endlich gut.

Ein Sturm zieht heute übers Land. Dunkle Wolken, viel Wind, Böen. Zwischendurch klarer blauer Himmel, strahlender Sonnenschein. Wolken, die so stark das Licht reflektieren, dass die Konturen der Wolken in leichtem rot und grün leuchten. Meine Tochter sieht das im gleichen Augenblick wie ich. Keine optische Täuschung, kein Sehfehler. Oh nein.

Einfach nur Tag 13

Sonntagvormittag. Ich sitze am Esstisch. Blick über die Häuserdächer. Es ist immer noch etwas stürmisch. Die Wolken ziehen. Ab und zu ein Stück blauer Himmel. Ich bin in diesem Tag, in diesem Augenblick. Es fühlt sich gut an. Kein Gefühl etwas tun zu müssen, nur hier sitzen und schreiben. Der Druck ist weg. Kein Zwang weit und breit. Mein Herz klopft nur kurz an.

Mein Sohn sitzt mir gegenüber und baut einen Lego-Skorpion. Die Türe zum Kinderzimmer ist offen. Ich höre meine Tochter summen. In diesem Moment ist alles gut. Jeder von uns dreien ist im Augenblick zufrieden.

Mir hilft das Schreiben tatsächlich um zur Ruhe zu kommen. Dadurch formulieren sich die Gedanken in mir und werden mir bewusst. Vor mir liegt noch der emotionale Teil. Das Schöne. Das Schmerzhafte. Heute Abend, wenn die Anonymität der Nacht da ist und die Kinder schlafen. Ich habe Angst vor den schmerzhaften Erinnerungen. Vor Tränen und meinen gut bewachten Gefühlen. Wieso sollte es mir anders gehen wie jedem anderen? Die Gewissheit, dass es schneller vorbei geht, wenn ich sie zulasse, ist meine Motivation. Ich versuche mein Bestes. Eingebettet in mein normales Leben. In dem Rhythmus unserer Tage.

Ich frage mich immer wieder wo bist du? Habt ihr euch wieder versöhnt und euch entschlossen es wieder weiter durch zu ziehen? Weil ihr gute Eltern sein wollt. Oder bist du diesmal gezwungen endlich mal den Kopf für den Scheiß, den du gebaut hast, hinzuhalten? Das lässt mich nicht los.

Heute Nacht habe ich von dir geträumt. Weißt du was mein Sohn gerade jetzt in diesem Moment singt? „Es wird niemals mehr wie es war, ich bin weg au revoir". Ja, schon klar. Erinnere mich ruhig daran du da draußen-drinnen-überall ☺

Von meinem Traum ist ein schönes Gefühl geblieben. An genaues erinnere ich mich nicht. Der Autoverkäufer war da. Hat mich angerufen. Mir von dir erzählt, dass du gehen musstest. Er wusste nicht, dass sie von seiner Frau & dir Bescheid wusste.

Oh Gott, in was bin ich da rein geraten. Desperate housewifes auf schwäbisch. Ich dachte damals schon, dass ist Stoff für eine Soap und da kannte ich deine Rolle noch nicht. Jetzt ist es Schreib-Stoff für mein Buch. Und mit jedem Wort, das ich schreibe, wird es leichter.

Vor bald einem Jahr hat es mich umgehauen. Nachts, auf dem Rückweg ins Bett, einfach ohnmächtig umgefallen. Schädelprellung, Rippenprellung. Junge junge, solche Schmerzen hatte ich noch nie zuvor in meinem Leben.

Und ich wache auf. Ich kapiere, dass ich so nicht weiter machen darf. Ohne Macht in meinem Leben. Mit Schwindel zu mir und meinen Gefühlen.

Dieser Zusammenbruch, egal wie schmerzhaft, war das größte Geschenk im letzten Jahr. Er verändert alles. Ich fange an mich nicht mehr zu fügen in die Gegebenheiten. Ich nehme meine Zukunft in die Hand. Spreche mit meinen Kindern. Der Weg ist frei für den Umzug. Ich finde meine Wohnung. Die erste ist schon die Beste. Es ist einfach und es fühlt sich richtig richtig gut an.

Ich will auch eine Chance für uns. Gleichzeitig frage ich mich, ob es auch die richtige Entscheidung ist wenn du nicht bei mir sein wirst. Ja. Ja das ist es. Selbst jetzt. Auch jetzt! Es bestätigt mich im letzten Jahr auf mein Herz gehört zu haben.

Eine seltsame Entwicklung nimmt gleichzeitig ihren Lauf. Je freier ich werde und je näher ich räumlich bei dir bin umso weiter driften wir auseinander. Umso mehr Distanz entsteht. 2014 ist für mich ein Jahr voller Ereignisse. Puh. Und für uns.

Im Frühjahr wird für dich der Leidensdruck sehr stark. Du sagst du kannst so nicht mehr weiterleben. Du entscheidest dich und sprichst mit ihr. Sie wirft dich nicht raus. Wie ich ja heute weiß nicht weil sie dich liebt sondern weil du ein guter Vater bist. Was dich damals zu diesem Entschluss bewegt, weiß ich bis heute nicht. Dass ein anderer Mann sich für mich interessierte und dir dein Spielzeug wegnehmen wollte? Vielleicht ist deine Herzstimme endlich durch gekommen und du hast sie rufen hören. Vielleicht! Dein Kopf und Verstand haben sie im Laufe der nächsten Tage und Wochen übertönt. Und SIE hat dich dauerbeschallt.

Nach ein paar Wochen meinst du mich verabschieden zu können. Per Chat. Ich lasse dir das nicht durchgehen. Sag es mir ins Gesicht wenn du kannst Stefan. Kannst du nicht. Und du trägst deinen Ring von ihr. Wie verlogen ist das denn, wie unehrlich bist du mit dir selbst. Bei mir brennt irgendwas durch und ich hole aus. Seitdem trägst du angeblich diesen unseglichen Ring nicht mehr.

Du ziehst für 5 Tage zu deiner Mutter. Hast eine schwere Erkältung. Dein Immunsystem bricht zusammen. Dein Gleichgewicht ist komplett aus der Balance. Du entscheidest dich wieder für deine Familie, obwohl es dir weh tut. Du weinst. Ich weine. Du betrinkst dich. Bist unglücklich. Ich ziehe mich zurück. Ich antworte dir nicht mehr. Du schreibst mir jeden Morgen und jeden Abend. Du kommst zurück und schreibst mir, dass du jetzt endlich weißt was du willst. Du willst Ostern bei deiner Mutter noch über die Bühne gehen lassen.

Dann ein Todesfall in ihrer Familie und du kannst es wieder nicht tun. Und du tust es auch danach nicht. Und du wirst es gar nicht tun.

Es ist Abend geworden. Es kostet mich jedes Mal Überwindung weiter zu schreiben. Einzutauchen. Unsere Mails zu lesen. Wenn ich es dann tue ist es jedes Mal schön. Ich finde unsere Puzzleteile. Was uns ausmachte.

Ich finde den Entwurf eines Briefes, den ich dir ungefähr in der Zeit zwischen Tag 310 und 330 schreibe:

Warum ich dich liebe
Ich liebe dich weil du besonders bist.
Ich liebe es wie du dich um deine Kinder kümmerst und sorgst und ihnen Zeit schenkst.
Ich liebe deinen sexy Körper, deine Muskeln, deinen flachen Bauch.
Ich liebe den Sex mit dir. Du bist ein zärtlicher, leidenschaftlicher Liebhaber, der sehr an mich denkt.
Ich liebe es wie du mich liebst, wie du mich schön findest und mich begehrst.
Ich liebe deine Zuverlässigkeit und deine Beständigkeit. Wie du in meiner schweren Zeit zu mir stehst.
Ich liebe deine Sportlichkeit.
Ich liebe deinen Geschmack dich zu kleiden.

Ich liebe deine Stimme und die Art wie du mit mir sprichst, wie du mich ernst nimmst und versuchst mir meine Fragen zu beantworten.
Ich liebe dich wie du riechst.
Ich liebe deine Unsicherheit, wenn du zitterst, wenn wir uns sehen.
Ich liebe es, dass du eine Meinung hast, Stellung beziehst und diese vertrittst.
Ich liebe es wie du dich um mein Handy kümmerst, es einfach tust.
Ich liebe deine Mails, wie du mir von dir und deinem Leben erzählst.
Ich liebe es, dass du genau so morgens deine Ruhe willst wie ich.
Ich liebe keinen Streit, aber ich finde es gut, wenn du mir sagst, was dich stört, verletzt und dass du nicht verstummst.
Ich liebe es, wenn du mir V-Karten schickst und mir alles Gute zum Muttertag wünscht. Du warst der Einzigste.
Ich liebe es mit dir zu cybern, mit dir zu appen, mit dir zu frotzeln.
Ich liebe es, dass du dich bei mir entschuldigen kannst.

Erinnerst du dich noch an diesen Brief? Hast du ihn noch?

Ich finde noch etwas – ein paar Blätter aus einem alten Tagebuch, die ich ein paar Tage bevor ich dich kennen lerne schreibe:
Seit Tagen Magenschmerzen. Ich fühle mich wie im Nirwana. Ein großer wirrer Wollknäuel. Ich

weiß nicht wo der Anfang ist und wo das Ende. Ich habe keine Energie ihn zu entwirren. Es fällt mir schwer in der Untätigkeit zu verharren. Bin wie gelähmt. Ich will und will nicht. Ich habe solche Sehnsucht nach Leben. Ich kann mich nicht mehr bewegen. Angst vor der Zukunft. Angst etwas falsch zu machen, falsch für die Kinder. Ich möchte ihnen ihre Welt und ihre Kindheit nicht zerstören. Manchmal wünschte ich mir, es würde mir jemand die Entscheidung abnehmen. Aber ich befürchte dies wird nicht geschehen. Ich habe im Augenblick keine Ahnung wie das alles weiter gehen soll. Vielleicht macht mir auch mein Wissen dieses schlechte Gefühl. Ohne Kinder wäre ich nicht mehr mit meinem Mann zusammen. Wie soll ich mit diesen Gedanken tun als ob nichts ist? Mit dieser Wahrheit in meinem Kopf, den Rest meines Lebens verbringen oder zumindest die nächsten 10 Jahre? Für mich ist das heftig. Ich muss irgendwie wieder in die Gänge kommen und mir eine Existenz aufbauen. Ich kann mich immer noch nicht bewegen. Ich möchte meinen Kindern nicht ihre heile Welt nehmen. Die Gewissheit, dass dieser Augenblick kommt ist schlimm genug. Und ich will nicht den Fehler machen von einer Beziehung in die nächste zu stolpern. Will ich nicht. Und ich will ihn auch nicht verletzen. Ich sehe mich nicht, wo ich in zwei oder fünf Jahren bin. Auch die HP-Idee geht gerade nicht. Ich bin blockiert. Mir ist so schlecht.

Der Fasnetsflirt ist auch immer noch da. Vom Verstand geht das auf gar keinen Fall, vom Gefühl her große Sehnsucht. Unterschiedlicher könnte es gar nicht sein und doch vergesse ich ihn nicht. Er ist immer wieder in meinem Kopf und in meinem Herz. Im Augenblick bin ich so verwirrt, dass ich nicht mehr weiß was ich mir wünschen soll. Mir ist schlecht. Mir ist schlecht. Mir ist schlecht. Betrinken, schlafen, die Decke über den Kopf ziehen bis alles vorbei ist. Alles wieder gut ist. Oh lieber Gott hilf mir, lass es einfach werden. Ganz einfach. Ein Tor, das sich öffnet und ich meinen Weg gehen kann. Ich spüre, dass ich anders bin wie mein Umfeld. Mich zieht eine Kraft ins Leben, in die Aktivität, weg von hier, von meinem Zuhause, zu etwas Neuem Unbekannten. Vielleicht auch zu etwas Bekanntem, aber ich sehe es nicht. Susanna Tamaro - Geh wohin dein Herz dich trägt. Mach Dich nicht verrückt. Der Zeitpunkt der Veränderung, der Entscheidung ist noch nicht ganz da. Und es ist ok noch zu verharren.

Das schreibe ich einige Tage bevor wir uns treffen.

Tag 16

Ursprünglich wollte ich einfach wieder in unsere Geschichte eintauchen. Jetzt ist es wieder anders. Ich fühle in mich hinein. Ich fühle mich so wohl in meinen Tagen. Ich bin da wo ich bin. Auch mit meinen Gedanken. Die allermeiste Zeit. Das war ich so lange nicht. Ich war immer bei dir. Ohne Smartphone ging es nicht. Ich hab nach dem Rhythmus der eingehenden Nachrichten gelebt.

Meine Gedanken streifen dich immer seltener. Ab und zu wandern sie noch zu dir. Wie geht es dir?

Es ist als ob ich von einer Klippe gesprungen bin und das ohne Sicherung und Fallschirm. Das dachte ich zumindest. Und dann falle ich nicht sondern werde aufgefangen.

Wenn ich zur Arbeit fahre freue ich mich. Folge während der Arbeit einem inneren Rhythmus. Ruhe. Sicherheit. Die Tage sind gefüllt. Alles funktioniert. Ich habe Menschen um mich herum, die mir gut tun. Vielleicht auch anders rum ☺

Neue Kontakte. Es pulst um mich und lebt. Fühle mich lebendig. Ich registriere immer wieder erstaunt wie sehr ich Blicke ziehe. Magnetisch. Überall. Ich suche nichts. Vertraue, dass mich das Richtige schon finden wird. Manchmal mit der Hoffung, dass du mich findest und zu mir kommst.

Warum hast du mir meinen Schlüssel nicht zurück geschickt, Stef? Das verstehe ich nicht. Muss ich Dich noch mal ansprechen?

Letzte Woche war es mal ganz komisch. Und heute auch. Ich dachte, als ich heimkam „hey, ich hab doch nicht abgeschlossen". Ich schließe nie ab. Warst Du das? Warst Du hier? Ich spinn doch nicht und bilde mir das nur ein?! Was ist da los. Das ist nicht gut. Ich weiß, dass du abschließt. Das hast du getan, als du einmal hier warst, als ich hier noch nicht lebte.

Am 2.Weihnachtsfeiertag fällt mir mein Rosenquarzherz aus der Tasche und zerbricht. Seitdem fallen mir immer wieder Gläser aus der Hand und zerbrechen. Erst zwei Gläser, dann eine Glasschale, dann ein Schnapsglas. Und wie immer hilft Google. Habe meine Antwort schon gefunden:

Glas ist etwas sehr zerbrechliches. Es ist immer sauber und klar. Es könnte auf eine sehr zerbrechliche Beziehung hinweisen.

Das Glas ist kaputt. Vielleicht schafft es mir Klarheit über eine endgültige Trennung.

Ich zerbreche das Glas. Vielleicht durchbreche ich meine endgültige Schutzwand.

Ich zertrümmere die Begrenzungen, die mich einengen und bewege mich in einen klaren

Raum hinein, in dem das Errichten neuer
Barrieren nicht möglich ist.
Vielleicht kann ich mich besser durchschauen
und Dich auch. Sehe klar.

Irgendwie so.

Tag 17

Mein freier Tag. Es beschäftigt mich seit gestern
Abend immer mehr. Auch heute wieder. Nach
dem Aufstehen. Immer wieder sind meine
Gedanken bei meinem Schlüssel. Ich
entscheide mich dir zu schreiben. Nur eine Sms:
Magst Du mir nicht meinen Schlüssel schicken?
Danach bin ich zittrig. Ich bin einverstanden
keinen weiteren Kontakt zu haben. Ist diese
Geschichte geklärt lass ich dich in Ruhe. Ist das
so schwierig einen Schlüssel in einen Umschlag
zu stecken und auf den Weg zu bringen?

Komm lass es uns zu Ende bringen. Oder ist der
Schlüssel ein unbewusster Vorwand? Das
Universum kennt kein Nicht und Nie. Nimm
wieder Kontakt mit mir auf. Hab ich dir ja schon
geschrieben.

Kurz nach Weihnachten hab ich dir noch
geschrieben alles wird gut. Tatsächlich ist es so.
Für mich. Anders wie erwartet. Oh ja. Ich bin

frei. Kein Druck und keine Ketten mehr. Eine große Kraft in mir.

Tag 17 / 880 17:31 Stefan an Julia
Hallo Julia,
du fehlst mir so wahnsinnig. Muss mir ständig deine Bilder anschauen. Das macht's natürlich auch nicht leichter! Fühle mich auch irgendwie wie ein verliebter Teenager. Ist ein schönes Gefühl. Kann nicht jemand die Zeit zurück drehen??? Möchte dass wieder Freitagabend ist!!!
10000000000 Küsse. Darfst sie verteilen wie du magst ;-) Bild kommt noch - versprochen!
Von meinem Iphone gesendet

Tag 17 / 880 17:44Stefan an Julia
Bild

Tag 17 / 880 23:11Julia an Stefan
Hey,
du hast Farbe bekommen. Ich mag das Bild, das bist du und weißt du was mir noch auffällt? 2 Tage-Bart, mmh. Und ich kann dich anschauen. Danke dir!
Ju

Tag 17 / 880 23:24 Stefan an Julia
Hi,
hab vor allem rote Farbe bekommen ;-) Bin in
der Sonne eingeschlafen – aber ich hab so
schön von dir geträumt! Schlaf gut meine Süße!
Ich DENK an dich!
Von meinem Iphone gesendet

Tag 18 / 880 10:57 Stefan an Julia
Guten Morgen mein Schatz,
wenn du das hier liest, bist du wahrscheinlich
schon wieder zu hause. Und ich bin Schuld
daran, dass wir uns nicht noch mal gesehen
haben. Fühl mich scheiße!!! Ich vermisse dich so
sehr, dass es weh tut und bekomm nix auf die
Reihe.
Wolltest du mich tatsächlich gleich küssen am
Freitag? Warum hast du es nicht gemacht? *g*
Ich muss zugeben, dass mir das auf dem Weg
vom Auto zu dir auch durch den Kopf
gegangen ist. Wie du so da standest und auf
mich gewartet hast - WUNDERSCHÖN!
Ich fand deine Berührungen und Liebkosungen
den absoluten Wahnsinn. Bekomm sofort ne
Gänsehaut, wenn ich dran denke und ich denk
ständig daran. Das kannst du mir glauben.
Hätte dich heute so gerne noch mal gesehen
und in meine Arme genommen.

Ich bin seit Freitag total daneben, kann mich auf nix konzentrieren, bin total durcheinander und laut ihr total abwesend. An was das wohl liegt? ;-)
Ich hoffe, dass wir uns bald wieder sehen können! Wenn du das möchtest.
Magst du Männer mit 3-Tagebart? Dann bist du bei mir genau richtig ;-)
Ich wünsche dir noch einen schönen und entspannten Tag am See. Ich DENK an dich!
1000 Küsse
Von meinem Iphone gesendet

Tag 18 / 880 11:44 Julia an Stefan
Mein blödes Handy hat mir nicht gesagt, dass du geschrieben hast. Überraschung um so größer, um so schöner. Wow, was für eine Mail. Mit geht es gerade richtig scheiße. Er und ich haben ungefähr 3 Minuten gebraucht um aneinander zu geraten. Ich befürchte hier knallt es demnächst ganz ordentlich.
Aber schon allein deinen Namen im Posteingang zu lesen und alles ist nur noch halb so schlimm. Das Gefühl zu haben, dass es nicht einseitig ist. Was ist es eigentlich? Gibt's einen Namen, der dem gerecht wird?
Ich würde Dir so gerne so viel von mir erzählen, aber so viel Zeit habe ich im Augenblick nicht. Warum ich es nicht gemacht hab? Weil ich manchmal schüchtern bin.

Dreitagebart, o ja! Stefan mit Dreitagebart?
Nichts lieber!
xx Julia
Wann fragst du mich eigentlich was xx
bedeutet???? ☺

Tag 18 / 880 21:06 Stefan an Julia
Hi,
ich bin heute das erste Mal allein. Den ganzen
Tag von hier nach da gefahren und doch für
nix nen Kopf gehabt. Nur für Dich!
Ich weiß es auch nicht, wie man das nennen
kann, was gerade zwischen uns passiert. Ich
weiß nur, dass es wunderschön ist. Hab ganz
viele Schmetterlinge im Bauch *schwirr*
Hm, das mit dem xx ist ja geschickt, da kann ich
mir immer was raussuchen?! ;-)
Würde jetzt gerne mit dir auf der Terrasse sitzen,
einen Spritz trinken und mehr über dich
erfahren. Hoffe du hast bald mal Zeit mir mehr
über dich zu verraten. Und anschließend würde
ich dich ins Bett tragen und die ganze Nacht
mit dir schlafen. Das wäre schön.
Ich wünsche dir noch einen schönen Abend
und dann schöne Träume.
Küsse dich zärtlich.
Xx, Stefan ;-)
Von meine Iphone gesendet

<u>Zurück in der Gegenwart</u> - 2 Stunden später – mein Smartphone meldet sich mit nem kleinen Briefumschlag links oben. Jetzt hast du mir geantwortet. Du schreibst: Hab ich schon gemacht. Ich unterdrücke den Reflex dir sofort zurück zu schreiben. Lege mein Smartphone erstmal aus der Hand. Wahrscheinlich schreib ich dir später noch mal. Aber nicht jetzt, jetzt bin ich in unserer Geschichte.

Tag 19 / 880 3:30 Julia an Stefan
Auch Hi!
Schau nicht auf die Uhrzeit. Ich lag über einer Stunde wach, hab nicht mehr zurück in den Schlaf gefunden. Das ist untypisch für mich. Ich schlaf sonst immer und überall. Aber ich hab ja bald zwei Wochen um mein Gleichgewicht wieder zu finden. Im Vorbereitungsstress für den Urlaub bin ich noch nicht.
Weißt du, wenn ich lese, was du schreibst, dann denke ich oh ja bitte und gleichzeitig schreit eine kleine Stimme in meinem Kopf vergiss es, davon bist du meilenweit entfernt von. Und dann les ich es wieder und es macht mich atemlos.
Mehr erfahren – wo anfangen? Bei der Lieblingsfarbe und Hobbys? Oder eintauchen in die Tiefe?
Lieblingsfarbe: blau in allen Schattierungen. Blau wie das Meer, Blau wie der der Himmel, blau wie Lavendel, blau wie deine Augen.

Über mich – ich suche noch den Anfang, dann wird es wie von alleine gehen: Das Jahr 1990, Abi in der Tasche, Sommer, jung, ich war gerade erst 19, planlos, 5 Wochen in Griechenland, noch in der Zeit ohne Handy ;-) Und ich verliebe mich in einen Mann, der neun Jahre älter ist wie ich, aber genau der musste es sein. Als ich mit ihm zusammen komme ist er mit dem Studium fertig. Er ist Ski- und Snowboardlehrer und kann eine ganze Kneipe alleine unterhalten. Ich schlittere von einer Jugendliebe in diese Beziehung und habe lange eine rosarote Brille auf. Die Beziehung dauert 11 Jahre, mit Höhen und Tiefen. In einer Zeit, in der man eigentlich weggeht und das Leben genießt, bin ich viel zu hause. Das Einzige was er bereit ist zu tun ist essen zu gehen und in den Urlaub zu fahren. Kein Kino oder Konzerte oder durchgeknallte Sachen machen. Das hat er alles schon hinter sich, ich noch nicht. Wir hatten auch unsere guten Zeiten, es war nicht alles scheiße, ganz bestimmt nicht. Zwischendurch haben wir immer wieder eine Wochenendbeziehung, dann wieder nicht. Das war ok für mich. Auch seine vielen Geschäftsreisen. Irgendwann hatten wir uns nichts mehr zu sagen. Kannst du dir vorstellen wie es ist, wenn dein Partner von einer zweiwöchigen Geschäftsreise nach hause kommt, sein Laptop und Handy ans Ladegerät und zum Nachbarn auf ein Bier verschwindet?

Weißt du wie es ist, wenn dein Partner deinen Namen nicht mehr kennt und dich nur noch mit Spatzl anredet?

Kennst du das, wenn du jede Berührung genau kennst, die als nächstes kommt und du nach dem Sex einfach nur wund und blutig bist?

Nein, das kennst du wahrscheinlich nicht.

So wie es anfängt, endet es auch. Heftig. Ein anderer Mann nimmt mich ihm weg.

Im Frühjahr 2001 sitze ich abends am PC und sehe, dass er in jeder freien Minute auf irgendwelchen Sex- und Pornoseiten unterwegs ist. Sex haben wir schon seit 1, 2 Jahren nicht mehr. Aber das liegt angeblich am Stress im Geschäft.

Heute sehe ich es so: Nachfrage steuert das Angebot. Ich finde diese Seiten ok. Nicht ok ist nicht zu sprechen, denn das Bedürfnis nach Körperlichkeit war ja doch da. Letztendlich ist es das, was den Bruch bringt. Ich kam mir so verarscht vor. Heute würde ich es ihm um die Ohren hauen und meine Koffer packen und gehen. Damals brauche ich ein halbes Jahr um mich zu lösen.

A.d.A.: Ja heute ist das so – ich haue Dir mittlerweile alles um die Ohren

Er hat es mir nie erklärt. Das einzige Statement war ich tu es nicht mehr. Was meinst du wie viele Paare zusammen leben ohne Sex zu haben und trotzdem eine gute Partnerschaft haben. Damals bin ich 30, habe keine Kinder. 3

Heiratsanträge hat er mir gemacht und ich kann mich an keinen erinnern.

Nach dem schönsten Urlaub meines Lebens, vier Wochen Rucksackurlaub in Griechenland verlasse ich ihn. Ich bin 30, habe mir jedes Jahr 1 bis 2 Kilo Frust auf die Hüften gefuttert und frage mich: Wer bin ich? Was bin ich? Ich brauche 2 Jahre um mich zu finden.

Es ist das Jahr 2001. Fortsetzung folgt – irgendwann, vielleicht, ich weiß nicht. Gerade frage ich mich, warum ich dir das alles erzähle. Mir ist danach. Weil es mich ausmacht. Weil ich es dir erzählen wollte. Manchmal geht mir durch den Kopf, ob ich das nicht besser außen vor halten sollte. Ob es nicht zu tief geht? Ob du es überhaupt wissen willst?

Erzählst Du mir ein bisschen von dir? Egal was. Wenn ich von dir lese bist Du mir nah.

Ju

Wieder zurück im Jetzt:

Ohne Kontakt zu dir geht es mir besser. Mir geht es gut, wenn ich bei mir bin. In meiner Welt, in meinem Leben. Mir geht es nicht gut wenn ich sie bei FB sehe. Mir geht es auch nicht gut, wenn ich Kontakt zu dir habe. Ich schreibe dir doch noch mal: Nicht da. Wann hast du ihn losgeschickt? Deine Antwort braucht drei Stunden: Ist schon ne Weile her. Musst auf der Post nachfragen.

Puh Stefan, wer einmal lügt dem glaubt man nicht. Von meinem Gefühl her stimmt das nicht. Ich weiß es ganz genau, dass entweder du gestern hier warst oder jemand anders. Ich schließe nicht ab. Erst dachte ich oh-gott-jemand-fremdes-ist-hier-drin-gewesen. Stimmt nicht. Das war jemand mit deinem Nachnamen.

Vor genau einem Jahr war auch Donnerstag, gleiches Datum. Ich weiß noch, dass ich packen wollte, weil wir uns am nächsten Abend treffen wollten. Und irgendwie hab ich es nicht gemacht. Hatte keine Energie dafür. Die Nacht in der ich einfach umfiel. Im Nachhinein ist für mich die Vorstellung, dass mich meine Kinder ohnmächtig auf dem Boden liegen sahen, extrem schlimm. So etwas sollen sie nie wieder erleben. Ich versuche auf mich aufzupassen und gut für mich zu sorgen. Ich hatte solche Schmerzen, konnte mich nicht mehr bewegen. War wie gelähmt auch die nächsten Tage. Das musste wohl sein, damit ich endlich aufwache. Und mein Leben selbst in die Hand nehmen.

Das Wochenende steht vor der Tür. Es wird für mich ein sehr lebendiges Wochenende mit vielen Terminen und Einladungen. Ich werde jeden Abend unterwegs sein. Und zweimal in deiner Nähe. Fahr ich zu dir? Will ich sehen ob du noch dort bist? Das ist präsent. Ich bin gereizt. Weil ich denke, dass du dort bist.

Wegen der Kinder. Und ich das alles umsonst gemacht habe. Ihr zwei Gestalten es wieder nicht kapiert und einfach weiter macht. Vielleicht ist es das.

Es ist nicht so dass ich keine Gefühle mehr für dich habe. Nein ganz bestimmt nicht. Eher das Gegenteil. Und doch wollte ich so nicht mehr leben.

In der Vergangenheit habe ich nach einer Trennung immer komplett den Kontakt abgebrochen. Beziehung zu Ende. Alles andere auch. Und jetzt ist irgendwas in mir, das mich anstachelt bei dir vorbei zu fahren. Oder wissen zu wollen. Es höhlt mich aus. Es ist immer noch diese Kraft, die mich zu dir zieht. Ich respektiere deinen Wunsch und werde nicht näher kommen. Ich versuche immer wieder mich zu lösen. Mit den Mitteln, die ich kenne. Das klappt auch recht gut. Und dann kommen wieder diese Momente und es zieht so an meiner Brust. Ich denke nein, lass ihn. Und was macht mein Herz? Es macht das Gegenteil. Die Zeit ist nicht reif. Ob es wohl noch mal eine gemeinsame Zeit für uns geben wird? Ich bin noch nicht über dich weg. Und ich bin auch nicht bereit für neues. So sieht es wohl aus. Wenn ich einfach ehrlich bin. Ich kann nicht weinen. Ich habe kein einziges mal richtig geweint. Vielleicht ein, zwei Tränchen. Kein Tränental.

Tag 18 / 880 13:26 Stefan an Julia

Hallo mein Schatz,

das war nun wirklich ne ordentliche Mail. Ich lese auch gerne von dir, möchte mehr von dir erfahren!

Wo soll ich anfangen zu erzählen. Geboren bin ich in Bad Cannstatt um 17:20 Uhr ;-) Langweilig, aber es ist geschickt. Ich habe immer an diesem Feiertag Geburtstag.

Jetzt aber zu den wichtigen Dingen: Habe sie in der 6.Klasse kennen gelernt. Sie kam von einer anderen Schule zu uns. Ich war dann ne ganze Zeit heimlich verknallt in sie: In der 8.Klasse hab ich es ihr dann gestanden und nach anfänglichen Schwierigkeiten sind wir dann doch noch zusammen gekommen.

Knapp 1,5 Jahre später hat sie dann Schluss gemacht. Erst wusste ich dann nicht warum. Doch dann kam heraus, dass sie nun mit meinem damals besten Freund zusammen war. Das war ein Schock. Ich hatte danach mit Frauen nicht mehr viel am Hut. Es waren andere Dinge wichtiger. Freunde, die Band, Alkohol. Wir haben uns dann aus den Augen verloren, zumal ich auch die 9.Klasse wiederholt habe *schäm*

Wir haben uns dann ein paar Jahre später auf einem Klassentreffen gesehen und was soll ich sagen. Danach waren wir dann wieder richtig zusammen, sind dann auch kurz danach zusammen gezogen. Aber es hat sich in eine Richtung entwickelt, die mir gar nicht gefallen hat. Wenn ich mit meinen Freunden weg wollte gab es Stress. Wenn ich zum Fußball bin gab es Stress.

Der Sex wurde auch immer langweiliger. Sie meinte alles außer Missionarsstellung sei abnormal. Nach 3 Jahren ist mir der Kragen geplatzt und ich bin in einer Nacht-und-Nebelaktion ausgezogen. Dann kam die erste eigene Wohnung. Andere Frauen kamen in mein Leben und gingen auch recht schnell wieder. Ein gutes Jahr später hat sie mich völlig überraschend zu ihrem Geburtstag eingeladen. Wusste erst nicht was ich machen sollte und bin dann hin. Der Abend war dann auch ganz nett. Konnte mir aber zu dem Zeitpunkt nicht vorstellen wieder mit ihr zusammen zu sein. Das kam dann eine Woche später. So das reicht jetzt mal ;-) den Rest gibt es später.

Bist bestimmt schon beim Schwimmen am Wasser. Du hast es gut.

Julia, du fehlst mir so sehr. Ich muss die ganze Zeit an Freitag denken. Aber es kommt mir schon so weit weg vor. Wie soll das nur werden, wenn wir im Stadion nebeneinander sitzen?? Ich glaub ich kann die Finger nicht von dir lassen. Wir müssen dann öfter mal zusammen aufs Klo ;-) Ich weiß nicht ob ich es aushalte 2 Wochen nichts von dir zu hören. Ich würde mir auch wünschen nochmals deine Stimme zu hören bevor wir in den Urlaub fahren. Das bekommen wir hin. Und dann hören wir wahrscheinlich zwei Wochen nichts von einander. Hoffe du vergisst mich nicht. Ich

würde dir jetzt am Liebsten nachfahren und dich dann überraschen. Aber du weißt ja ich stehe unterm Pantoffel ☹ und wahrscheinlich würde ich ihn gleich mit überraschen *g*
Ich wünsch Dir noch einen wunderschönen Tag. Ich werde ständig an dich denken.
Stefan

Tag 19 / 880 9:55 Stefan an Julia
Guten Morgen meine Süße,
wie war es beim Joggen? Du hast ja schöne Gedanken. Da kann ich definitiv mehr davon vertragen ;-) Ich würde jetzt gerne deinen nackten Körper streicheln – überall - dich sanft am Hals küssen. An deinem Ohr knabbern und dann ganz langsam tiefer gehen, sanft deine Schenkel auseinander drücken…dich ganz leicht an deiner empfindlichsten Stelle berühren, sanft daran knabbern - so lange bis du es nicht mehr aushältst. Und dann schlafe ich mit dir, erst ganz langsam, dann immer wilder, bis wir zusammen kommen. Ganz toll, jetzt hab ich ein massives Platzproblem in der Hose ;-)
Dein Mail gestern war echt hart für mich zu lesen. Wie zur Hölle schafft man(n) es, dass die Partnerin blutig und wund zurück bleibt??? Das tat mir echt weh.
Was hast du heute noch vor? Außer an mich denken *g*

Gestern bin ich mit meinen Kids noch Cabrio gefahren. Sch... auf die Benzinkosten *g* das war echt schön. Das müssen wir zwei auch mal machen. Meinst du wir können uns sehen, wenn du wieder in der Heimat bist? Vermisse dich jeden Tag mehr! Ich wünsche dir einen schönen Tag. Küsse dich
xx, Stefan

Tag 20 / 880 10:30 Stefan an Julia
Hi Julia,
ich kann's mir immer noch nicht vorstellen. Und ich glaub das will ich auch gar nicht.
Fortsetzung: Also eine Woche später stand sie dann total durchnässt abends vor meiner Tür. Hab mich dann irgendwie von ihr weich klopfen lassen oder was auch immer, vielleicht war es auch die gesamte Situation. Wie sie vor mir stand, völlig aufgeweicht, mit den Nerven am Ende. Wir haben dann die halbe Nacht geredet und sind zu dem Schluss gekommen es noch einmal miteinander zu probieren. Das klappte auch ganz gut, aber dann ganz langsam kamen die alten Probleme.
Das Problem bei mir war zusätzlich, dass ich alles in mich hinein gefressen habe. Und circa 1,5 Jahre später bin ich dann geplatzt, hab ihr alles an den Kopf geworfen und bin dann mal wieder ausgezogen. Und ein paar Wochen später wieder zurück zu ihr. Ein hin und ein her. Auf jeden Fall lief es ab da besser.

Zwischenmenschlich, sexuell usw. 2001 wurde dann geheiratet und kurz danach kam unser Sohn auf die Welt. Und dann lief gar nichts mehr im Bett. Super. Haben auch ständig gestritten und waren vielleicht beide etwas überfordert. 2002 ist dann kurz nach meinem Geburtstag mein Vater gestorben. Ich war total fertig und wollte von nichts und niemandem mehr etwas wissen. 2003 haben wir dann angefangen zu bauen. Endlich Platz für mich, mein PC und meine Gitarren in der Galerie unterm Dach *freu* die Freude hielt allerdings nicht lange: Kurz danach war SIE wieder schwanger. Ok, das war es dann mit der Galerie. Trockenbau war angesagt. Im September 2004 kommt unsere Tochter zur Welt und seitdem läuft mein Leben relativ unspektakulär.

Und dann treffe ich auf diesem Fest am See eine wunderschöne Frau und seitdem bin ich total durcheinander. Das war jetzt die Kurzversion ;-)

Würde dich gerne treffen wenn du im Schwarzwald bist. Muss ich mal in unseren Terminkalender schauen. Ich halte das sonst auch nicht so lange aus. Habe jetzt übrigens die vier Fußballkarten bestellt.

Ich muss jetzt schauen was ich noch alles mitnehmen muss. Du bist ja leider keine Option ;-) sonst müsste ich nicht lange überlegen. Mir graust auch vor den nächsten zwei Wochen, wenn ich nichts von dir höre! Vergiss mich nicht!!!

Fühle dich ganz fest von mir umarmt. Vermisse Dich. 1000 Küsse
Stefan

Es folgen zwei Wochen Urlaub. Du mit deiner Familie und ich mit meiner. Du wolltest, dass ich dir nicht schreibe. Zur Mitte des Urlaubes erreicht mich eine Sms von dir: XX. Mein Urlaub wird zum absoluten Horror. Ich sitze am Strand und überlege wie lange ich so noch weiterleben kann. 1 Jahr, 2 Jahre, 10 Jahre? 10 Jahre sind 3.650 Tage. Ich denke vielleicht 2 Jahre. Letztendlich werden daraus noch 4 Monate. Dann ist meine Schmerzgrenze erreicht und ein kurzer Satz bringt mein Kartenhaus zum Einstürzen. Ich kann es nicht mehr aufhalten.

Tag 19

Es ist ein trüber Regentag. Meine Augen sind müde, mein Kopf auch. Keine Steine auf meiner Brust, keine Ketten. Eine kurze Nacht. Auf dem Rückweg nach hause, mitten in der Nacht, fahre ich bei dir vorbei. Dein Auto steht auf dem Stellplatz, ihres auch. Ich habe damit gerechnet und auch nicht.

Als ich wegfahre sagt mein Auto – Motorstörung, Werkstatt aufsuchen. Ja – eine gewisse Parallele – es stört mich wenn ich so etwas tue. Das stört mein Gleichgewicht. Da strecken die alten negativen Gefühle wieder ihre Klauen nach mir aus. Es zieht mich zu dir und deinem Leben.

Als ich dann zurück unterwegs in mein Leben bin kommt mir ein Gedanke. Der Unterschied – ich war mit dir zusammen weil ich dich liebe. Sie aus einem anderen Grund. Die Entscheidung für dein Leben triffst du. Du entscheidest für dich und wie du leben willst.

Als ich vorgestern eine deiner Mails lese und abschreibe sehe ich den roten Faden in eurer Geschichte. Ihr trennt euch, versucht euch zu lösen und dann versucht ihr wieder miteinander zu leben. Jedes mal ist es das Thema Körperlichkeit und Sexualität was euch die Krise bringt.

Du hast oft über deinen Vater gesprochen. Voller Bewunderung, was er für ein guter Vater war, der hinter dir stand in jeder Situation. Das ist dein Anspruch an dich. Und du bist es für deine Kinder auch.

Für dich gab und gibt es nur die Entweder-oder-Variante. Leider nichts dazwischen und meine Worte erreichten dich nicht. Es war für dich einfach nicht vorstellbar, dass es eine

Variante gibt, die unsere Liebe zulässt und gleichzeitig für deine Kinder da zu sein. Schade. So schade. Du konntest dir nicht vorstellen mit ihr zu sprechen. Ihr zu gestehen, dass du mich liebst und eine Lösung zu finden. Dieser Weg ist einfach und leicht, wenn es der Richtige ist. Vielleicht war es einfacher und leichter zu bleiben. Du konntest ihre Reaktion nicht einschätzen und das machte dir Angst.

Ich lerne jeden Tag besser mit deiner Entscheidung zu leben. Deine Art zu lieben zu nehmen wie sie war. Ganz wunderbar. Ganz tief. Ganz besonders. Danke, dass du in meinem Leben warst. Es braucht auch keinen Namen mehr – mir fallen nur Adjektive ein, die es beschreiben. Zauberhaft, schmerzhaft, wunderschön, tränenreich, herzzerreißend.

Ich schreibe um diesen Zauber noch einmal zu erleben und um mich zu erinnern. Ich möchte mich an dich und diese tiefe Liebe erinnern und nicht mit Verbitterung und Wut in meinem Herzen leben.

Wir sind ins Ungleichgewicht gekommen. Ungefähr zu dem Zeitpunkt, als ich das erste Mal gesprungen bin. Von ihm weggegangen bin. Erst war es kaum wahrzunehmen und dann wurde es größer. Auch für dich wurde der Druck spürbar und dann wolltest du es auch wagen. Und was dann? Hast dich nicht mehr getraut und dich bequatschen lassen. Sie hat an dein Vatergefühl und an dein Pflichtgefühl appelliert. Dich eingefangen, sie kennt dich lange genug und gut genug. Sie, die Verstandsgesteuerte. Das wollte ich nicht. Ich wollte, dass du freiwillig bei mir bist, weil du bei mir sein willst. Ich wollte keinen Druck machen. Aber Regeln gab und gibt es trotz allem. Respekt und Achtung vor dem Anderen und den Gefühlen des Anderen.

Heute sehe ich, dass es mir mit der mir selbst aufgelegten Geduld nicht gut ging. Ich dachte immer, ich sei kein geduldiger Mensch und dass ich es eben jetzt mit dir lerne. Da beschleichen mich mittlerweile Zweifel. Wie wäre es denn damit: Vielleicht braucht man-frau die Geduld um die eigene Herzstimme zu hören? Diese Herzstimme ist leise, kleine Impulse, wie ein Augenzwinkern. Sie streifen das Bewusstsein nur für einen Bruchteil eines Augenblickes. Sie wahrnehmen und erkennen ist eine Kunst für jeden von uns. Denn das lernt niemand von uns in der Schule oder nur die wenigsten von den Eltern. Das war die Gedulds-Aufgabe.

Ich habe meine Herzstimme lange nicht gehört. Zum Jahresende wurde sie immer kraftvoller. Und dann war ignorieren nicht mehr möglich. Mein Geliebter, wenn deine Wahl etwas mit deiner Herzstimme zu tun hätten würde ich dich sofort in Ruhe lassen.

Ich bin wieder einem Gedanken auf die schliche gekommen: Du warst meine Fahrkarte in die Freiheit, der Mann den ich brauchte um zu gehen zu können. Aua. Das war meine Überzeugung und macht mich so traurig. Warum war da nicht der Satz „er ist der Mann zu dem ich gehöre und der zu mir gehört"? Meine Verantwortung!

Ich hatte bis zum Schluss den festen Glauben, dass du wieder mit ihr schläfst. Dass wir es nicht packen. Meine Mitverantwortung!

Es tut mir so leid. Wir sind zusammen gefallen und haben es nicht gemerkt. Gemerkt schon, aber wir wussten nicht wie anders machen. Keine Gebrauchsanweisung gehabt. Du wolltest nicht mehr reden. Hattest keine Antworten. Mein Geliebter, du fehlst mir so. Pass auf dich auf. Lerne für dich gerade zu stehen, lerne gut für DICH zu sorgen. Geht es dir gut, geht es deinen Kindern gut. Hör auf dich selbst zu belügen. Werde ehrlich und klar. Zu dir und den Menschen mit denen du zu tun hast. Licht und Liebe
Deine Julia

Ein wunderschöner Gedanken: „Wenn nur die Vögel im Wald sängen, die es am besten können, dann wäre es im Wald sehr still.

Tag 21

Das getacktetes Wochenende. Jeden Abend unterwegs. Jetzt bin ich froh zu hause zu sein. Es fühlt sich geborgen an. Ich wundere mich, frage mich und habe keine Antwort. Warum bin ich in dieser Firma. Ich habe selten ein größeres Chaos, Unfrieden und Un-Ordnung gesehen. Bin ich hier um Ordnung zu machen, auszugleichen was im Ungleichgewicht ist? Oder ist es einfach der Rahmen, der mir ermöglicht mich um die Dinge zu kümmern, die mir wichtig sind? Wohl beides.

Du bist noch weiter weg. Fast gar nicht mehr da. Es sind nur 21 Tage vergangen und doch wie ein anderes Leben.

Am Samstag hat sich wieder etwas in mir verändert. Ich war auf einem wunderschönen Fest. Habe mich extra schön gemacht. Es war so nah bei dir. Ich hatte nicht mehr den Zwang zu dir zu fahren um die Autosituation in Augenschein zu nehmen. Was würde es auch ändern? Ich wollte diesen Abend genießen. Mit guter Stimmung hinfahren und auch mit guter Stimmung beenden. Auf die Faust in der Magengrube habe ich diesmal verzichtet.

Auch diese Aktion hätte an der Grundsituation nichts geändert. Nachdem du nicht treu sein willst und bei jeder Gelegenheit wieder mit ihr schläfst, will ich keine Beziehung mehr zu dir haben. Meine Vorstellung von Liebe, Treue und Körperlichkeit ist eine andere.

Was ihr in den letzten 21 Tagen aus eurer Beziehung gemacht habt sehe ich nicht daran, ob Autos vor dem Haus stehen oder nicht. Ich brauche es auch nicht mehr zu sehen. Denn egal wie nahe wir uns mal waren, wie sehr wir uns geliebt haben, das ist Vergangenheit.

Ich bin zweifellos mit dir gewachsen. Habe gelernt zu dulden, zu ertragen, zu leiden, mich zu fügen und mich zu fühlen. Und zu vertrauen. Auf mich selbst und das was in mir ist. Damit habe ich sehr viel gewonnen. Ein großes Geschenk.

Weißt du was ich mir wünsche? Was mich wirklich freuen würde? Wenn du ab und zu an mich denkst. Dich erinnerst an die wunderschöne Zeit. Wie schön es war Liebe zu fühlen. Liebe zu leben. Und du irgendwann auch meine Seite verstehen kannst. Oder ab und zu leise der Gedanke bei dir anklopft: Wie hat sie die Welt gesehen? Wie ist sie mit manchen Situationen umgegangen? Was war ihre Wahrheit? Wenn du dann fühlst und verstehst, dass es anders war wie alles was du bisher kanntest und da auch Wahrheit mit drin lag, dann fände ich das wunder-wunderschön.

Die Vergangenheit ist Geschichte, die Zukunft ein Rätsel und die Gegenwart ein Geschenk.

Stefan – take care, ganz arg. Dich gehen zu lassen ist keine Strafe, sondern eine neue Chance für dich und für mich. Wie wir sie nutzen und wohin sie uns führt bleibt ein Rätsel. Deine Julia

P.S.: <u>Meriem</u> meine Liebe – was schreibst du mir Schönes!? Eine Rose bist du – du brauchst niemanden um zu blühen und um deine Schönheit auszustrahlen. Danke dir!

P.P.S.: Es musste einen so dramatischen Schlussstrich geben um eine Rückkehr unmöglich zu machen. Ich musste alles zerstören um mich zu schützen und um von dir los zu kommen. In dieser Situation gab es keine andere Wahl. In diesem Augenblick.

Heute sehe ich vieles klarer. Ich versuche mit der Vergangenheit Frieden zu schließen. Um letztendlich einen anderen Weg zu einschlagen zu können. Und um die Liebe zu finden und zu leben.

Tag 38 von 880 22:38Julia an Stefan
Stefan,
was ist los? Was ist passiert? War's das? Einfach so? Alles vorbei? Ohne drum rum zu reden – so ist das Scheiße. Das vertrag ich zurzeit nicht. Wenn es so ist, dann lass einfach die Hosen runter und sag es mir (und vielleicht warum).

Wenn es nicht so ist und du mit zwei
gebrochenen Armen um Krankenhaus liegst,
dann ruf mich einfach an, wenn du den Gips
los bist, gleiches gilt für Koma,
Gedächtnisverlust und andere Notfälle ;-)
Ich vermisse dich ohne Ende
Take care
Julia

Tag 38 von 880 22:51 Stefan an Julia
Hallo meine Süße,
nix da mit war's das!!! Konnte dir leider nicht
gleich schreiben. Sind gestern erst spät
gelandet und der Autoverkäufer hat uns
abgeholt. Heute Mittag war gleich wieder
Programm und jetzt wieder Geschäft *schnauf*
Bis jetzt eben hab ich mit meinen Passwörtern
gekämpft, dass ich mich überhaupt wieder
anmelden kann.
Ich vermisse dich auch schrecklich!!! Das waren
zwei harte Wochen. Ich lieg also zum Glück
nicht im Krankenhaus und meinen Armen geht
es blendend.
Wie war dein Urlaub?
Küsse dich…
Stefan
P.S.: Musst das mit dem Autoverkäufer noch
mal mit den Karten fürs Fußballspiel klar
machen. Ich hab ihm gesagt, dass ich vier
Karten bestellt habe und er hat rumgenuschelt,

dass er jemand weiss , der die 4.Karte haben möchte.

Tag 38 von 880 23:08 Julia an Stefan
Bei mir fährt gerade alles Achterbahn – ich war so auf ziemlich alles gefasst.
Mein Urlaub? Die lange oder die kurze Version?
Kurz – nicht gut. Mir geht es nicht besonders.
Schön, dass du gesund wieder da bist. Hab für heute keine Worte mehr, sorry!
Gute N8!!!

Tag 38/880 23:24 Stefan an Julia
Warum geht es dir nicht gut? Bin ich daran schuld? Dein Urlaub war also nicht gut. Was war denn los? Hast du dich mit ihm gestritten?
Schade, dass du keine Worte mehr haben tust.
Ich hoffe die kommen wieder! Wäre jetzt gern bei dir und würde dich in den Arm nehmen und ganz fest an mich drücken.
1000000 Küsse. Schlaf gut meine Süße

Tag 39/880 10:41 Julia an Stefan
Nein, du bist nicht schuld, selbst eingebrockt, selber wieder auslöffeln. Ein wenig hab ich dir ja schon erzählt.

Letztendlich war es die extreme Nähe, das enge Aufeinander. Mir ist für mich sehr bewusst geworden, dass wir durch die Kinder verbunden sind und ich ihn doch nicht mehr liebe. Da ist Freundschaft und Sympathie. Keine Liebe.

In letzter Zeit merke ich immer mehr, dass es bei vielen Familien reine Zweckgemeinschaften sind. Und ich frage mich ob ich so leben will. Ich denke schon seit Anfang des Jahres, das war es noch nicht, da kommt noch was.

Mir ist im Urlaub ein chinesisches Sprichwort über den Weg gelesen ;-): Wenn der Wind der Veränderung weht, errichten die einen Mauern und die anderen bauen Windmühlen.

Ich bin nicht für mich allein verantwortlich und deswegen hilft nur Kreuz durchdrücken und meinen Weg in meinem Tempo gehen.

Manchmal schau ich meine Kinder an und frage mich wie lange ich sie wohl noch in ihrer heilen Welt lassen kann?

Das würfelt mich alles ziemlich durcheinander. Dazu dann noch mein Metallica-Handicap und vorbei ist es mit der Nachtruhe. So jetzt weißt du was los ist. Erschrick nicht, denn es ist meine Baustelle und ich versuche es von dir zu trennen. Irgendwie hängt es zusammen, aber du bist die Wirkung und nicht die Ursache. Es beinhaltet keine Konsequenz für dich. Auch wenn du dich aus meinem Leben verabschiedet hättest wäre es immer noch so.

Ich habe ein Bild in meinem Kopf von einer Wohnung, von meiner Wohnung. Ich sehe sie deutlich vor mir und irgendwann hab ich sie, das weiß ich ganz genau. Die Macht der Gedanken.

Puh, ich kann mir vorstellen, dass du ganz schön schluckst, wenn du das liest. Mach dir keinen Kopf, mir geht es gut. Wach gut auf, genieß die Sonne ein bisschen. Wie schön, dass du wieder da bist ;-) ich wiederhole mich? Ich kann es gar nicht oft genug sagen.

XX Ju

Tag 39 /880 21:59 Stefan an Julia

Hallo Julia,

ja, da musste ich schon das eine oder andere Mal schlucken bei deiner Mail. Ich bin irgendwie froh, dass das alles nicht wirklich was mit mir zu tun hat. Sonst hätte ich ein wahnsinniges schlechtes Gewissen.

Es war wunderschön heute Morgen deine Stimme zu hören. Auch wenn du dich meinetwegen überwinden musstest. Wo du doch morgens lieber ganz ruhig bist. Kann das verstehen. Ich bin da nicht anders, hab morgens auch gern ein wenig meine Ruhe und Zeit für mich. Deswegen steh ich am Wochenende auch gerne früher auf. Bereite das Frühstück vor und hab noch ein wenig Ruhe für mich.

Hab heute mal wieder nix auf die Reihe bekommen. War total faul und nur gemacht zu

was ich Lust hatte: Bisschen egoistisch, aber das muss auch mal sein. Hab viel Gitarre gespielt.
Vielen Dank für das süße Bild, das du mir geschickt hast (mehr davon!). Mal sehen, wenn du brav bist schick ich dir auch mal wieder eins von mir.
Wünsche dir noch einen schönen Abend und wenn ich nix mehr von dir höre auch gleich eine gute Nacht! Vermisse dich sehr!!!
xx Stefan

Tag 39 / 880 22:20 Julia an Stefan
Von wegen nichts mehr hören – Hi!!!
Ja, das glaube ich dir, dass das ziemlich harter Tobak war bzw. ist und du vielleicht ein wenig geschockt warst. Aber weißt du irgendwie hab ich bei dir überhaupt keine Lust mich zu verstellen und mir zu überlegen wie es bei dir ankommt, was du vielleicht von mir denken könntest. Ich bin einfach so wie ich bin.
Ich hätte heute die ganze Welt umarmen können. Endlich mal wieder ein leichter Tag.
Ich möchte noch ganz viele Dinge von dir wissen!
Wie war dein Urlaub?
Was ist dein Lieblingsessen?
Was ist dein Lieblingsfilm?
Was hast du in der ersten Mail gemeint, die du mir geschrieben hast? (was magst du an meiner Art?)
Wann war dein 1.Mal?

Was liebst Du?
Was hasst Du?
Julia

Tag 39 / 880 22:54 Stefan an Julia
Und das ist gut so!
Oha, du willst aber viel wissen. Hm, gehen wir das der Reihe nach durch:
Mein Urlaub war schön, hab mich echt gut erholt. Haben die ganze Zeit gar keinen Stress gemacht und den Tag einfach auf uns zukommen lassen. Hab viel mit meinen Kindern gespielt. Viel gelesen und sehr viel an dich gedacht. Aber jetzt gleich wieder mit Nachtschicht anfangen war keine gute Idee.
Mein Lieblingsessen ist Linsen mit Spätzle und Saitenwürschdle *g* das ist übrigens auch das einzigste Gericht, das ich zubereiten kann. Hat mir mein Vater beigebracht.
Mein Lieblingsfilm ist Forrest Gump, den könnte ich mir ständig anschauen. Das ist irgendwie ein ganz besonderer Film. Von denen gibt es nicht so viele. Ziemlich beste Freunde kommt aber auch ganz nah dran.
Damit meine ich deine fröhliche offene Art. Du hast an diesem Abend viel gelacht und das hat mir sehr gefallen. Kann's leider nicht besser beschreiben.
Das 1.Mal. Hm. Wann war das nur? Ich weiß nur, dass ich da schon 19 war, ein Spätzünder also.

Es war in einer Gartenhütte und ich fand es gar nicht so schlecht

Was ich liebe: Meine Kinder, meine Familie, laute gitarrenhalsige Musik, Gitarre spielen, Zeit haben, lesen, Fußball spielen, mit dir zu schreiben - vor allem wenn deine Mails mit xx enden

Was ich hasse, hm, find ich ein hartes Wort. Da gibt es glaub ich gar nicht so viel. Eher Sachen, die mich auf die Palme bringen. Da gäbe es so manchen Kollegen. Den Autoverkäufer, wenn er wieder seine ICHWILLESALLENRECHTMACHENPHASE hat oder allgemein Leute, die so etwas tun. Wenn der VFB verliert und vieles mehr.

So, das waren nun alle Fragen. Allerdings hätte ich gerne, dass du sie mir auch beantwortest. Bin mal gespannt ob ich heute noch eine Antwort bekomme. Will dich natürlich nicht unter Druck setzen *fg* Schicke dir noch 1000 Küsse

xx, Stefan

Tag 39 / 880 23:34 Julia an Stefan
Urlaub weißt du schon
Lieblingsessen: Zurzeit brauch ich gar nichts essen. L&L. Ich liebe Jogurette. Die griechische Küche mag ich unheimlich gerne. Linsen mit Spätzle und Saiten und extra Essig! Ganz wichtig! Und schwäbischer Kartoffelsalat noch lauwarm (und ich kann ihn nicht!)

Keiner so richtig. Am ehesten Im Zeichen der Libelle, früher mal Topgun.

Das 1.Mal mit 17, wir waren schon fast ein Jahr zusammen, war ok.

Was ich liebe: Meine Kinder, meine Eltern, Tanja & Anni (ziemlich beste Freundinnen), Griechenland, das Meer, Sand, Naxos, Musik, ehrlichen Rioja, das Leben (wenn es pulst, wenn sich etwas bewegt, wenn ich nicht das Gefühl habe, dass alles im Alltag versinkt), draußen sein (die Natur gibt mehr als sie nimmt), Bücher, Reisen, Lachen, Feiern, Chillen, Träumen, Zeit für mich, alleine sein.

Was ich nicht mag: Oberflächlichkeit, Zigarren, morgens reden müssen, zu starken Kaffee, nachts nicht schlafen können, Formel 1 und Boxen, jammernde kranke Männer, schlechten Sex, den Autoverkäufer, wenn er mich nicht mit zum Fußball nehmen will, der alte Feigling. Ich glaub ich frag ihn nach deiner E-Mail Adresse. Abschiede, vor allem von dir und zwei Wochen von dir abgeschnitten sein.

Heute verabschiede ich mich nicht mit xx von dir. Ich könnte dir ja noch mal schreiben, wie schön, dass du wieder da bist, tu ich aber auch nicht. Vermissen? Nein! 1000 Küsse? Auch nicht! Was dann? Vielleicht: Vergiss mich nicht, denk an mich, halt mich fest, du bedeutest mir verdammt viel!

xx Ju

Tag 40 / 880 04:41 Stefan an Julia
Einen wunderschönen guten Morgen,
hoffe du hast gut geschlafen! Meine Nacht war
mal wieder nicht so spannend und die Ruhe
war trügerisch ;-)
Wie? Was? Der Autoverkäufer will dich nicht mit
zum Fußball nehmen? Was hat er denn
gesagt?? Der spinnt wohl!
Es ist schön ein paar kleine Details über dich zu
erfahren. Ich sehe schon, wir haben einige
Gemeinsamkeiten. Für einen guten Rioja lass
ich einiges stehen. Schwäbischer Kartoffelsalat
ist natürlich auch was Feines. Das konnte mein
Vater wie kein Zweiter. Habe seither keinen so
guten mehr gegessen.
Zu mir kannst du immer ehrlich sein, wenn ich
dich frage wie es dir geht. Und ich hoffe ich
merke es wenn es dir schlecht geht!
Jetzt muss ich weiter – die Arbeit ruft!
Ich vergesse dich nicht! Ich denk ständig an
dich!
Ich halte dich in meine Gedanken ganz fest!
Und du bedeutest mir auch sehr viel!
Ich wünsche dir einen schönen Tag
xx, Stefan

Tag 23

Ich habe von dir geträumt. Ich war bei dir auf
einem Fest deines Arbeitgebers, wie ich da rein
gekommen bin weiß ich nicht. Es war riesig

groß, die Wahrscheinlichkeit dich zu treffen minimal. Ich habe nicht nach dir gesucht. Und du warst auf einmal da. Du hast jemand anders weggeschickt, der bei mir war. Ich habe es gar nicht verstanden. Dein Sohn war kurz da und sagte, schön, dass ich dich heute sehen konnte. Du warst nicht mehr mit ihr zusammen. Dann hab ich dir einen Kuss gegeben, auf den Mund. Du warst kalt. Er war von mir unsicher und du wolltest das nicht. Selbst danach bist du nicht gegangen. Du bist geblieben. Warst hinter mir und hast mich geschoben.

Meine Stimmung ist gedrückt, ich bin traurig und melancholisch. Heute ist mein freier Tag. Reserviert für mich, das Schreiben und das Mich-fühlen. In einer Medi fühle ich immer noch den Magnet zwischen uns. Diese Verbindung und starke Anziehung. Ich kehre zurück ins letzte Jahr. In die schmerzhaften Tage, in denen ich so viel weinte und alleine war. Als du dich entscheidest doch mit ihr nach Berlin zu fahren. Ich gehe weiter zurück. In meine Kindheit und finde dieses Gefühl in mir als 10 jähriges Mädchen. Ich bin im Schullandheim und habe Heimweh. Fühle mich so alleine und einsam. Ich weiß, dass mich diese Medis weiterbringen und indirekt auch dich. Schritt für Schritt. Für mich sind es Tage, des Trauerns, des Vermissens und der Erinnerung an die Liebe.

Ich habe unsere Verbindung beendet. Ich habe mich verändert. Ich bin nicht mehr bereit in diesem Konstrukt von Heimlichkeit und Lügen zu sein. Du wusstest wie wichtig es mir wurde

ehrlich mit einander umzugehen. Und du
hattest nichts Besseres zu tun als zu versuchen
einfach weiter zu machen wie bisher. Hiermit
habe ich damit jetzt nichts mehr zu tun. ´
Das ist in deiner Verantwortung und was du
daraus machst steht in deinen Sternen. Weißt
du was mich immer noch beschäftigt? Dass
dieser Egoismus in dir, die Sucht nach
körperlicher Befriedigung und Bestätigung so
massiv war. Dass du trotz deiner Liebe zu mir,
die du so beschworen hast, einfach immer
wieder mit ihr geschlafen hast. Hast du echt
gedacht, dass du immer so weiter machen
kannst? Warst du dir nie bewusst, dass dein
Konstrukt einsturzgefährdet war?

Ob ihr jetzt weiter miteinander schlaft ist mir
gleichgültig. Na ja, nicht ganz. Doch wird sie
jedes Mal wenn du sie anfasst daran denken,
dass du mit so vielen geschlafen hast und keine
Grenzen kennst. Wie ist Sex wenn man 20 Jahre
miteinander zusammen ist? Und wenn der eine
sehr verschlossen ist und der andere von
Dingen träumt, die er niemals leben kann??

Hast du an Tag 879 gedacht du kommst aus
der Nummer mit mir raus, wenn du mir schreibst,
dass du nicht weißt ob du gehen kannst. Ach
Stefan, wenn wir uns gesehen haben hast du
selten über deine Gefühle gesprochen. Wäre
es nicht so viel ehrlicher gewesen mit mir zu
sprechen und zu sagen, dass wir es lassen oder
eine Auszeit nehmen. Um zu fühlen ob und wie

es ohne den anderen geht? Respektvoll. Mit Achtung. So wünsche ich mir Liebe.

Und dann kam es ganz anders. Respektlos vor mir und meinen Gefühlen. Keine Rücksicht, ob du mir weh tust oder nicht. Und dann ist das zu dir zurückgekommen. Es tut mir leid. Ich bin auch nur Mensch und Frau, wie alle anderen. Kam aus dieser Situation nicht raus. Und ich wollte von ihr hören ob du zu mir ehrlich warst. Nein Stefan, so ging es nicht weiter. Es musste so zerstörerisch sein, es musste alles kaputt sein, kompletter Break-down.

Dankbarkeit bleibt. Erinnerung an die schönen Momente, die wir hatten. Die erfüllten Nächte voller Sinnlichkeit und berauschendem Sex. Mit der Zeit verflüchtigte sich dieser Rausch immer schneller. Zurück blieb ein schales abgestandenes Gefühl.

Meine Tage ohne dich sind ruhig geworden. Ich stehe morgens später auf. Bin nicht mehr smartphone-addicted. Bin auch nicht mehr in der Vergangenheit. Auch nicht in der Zukunft. Ich bin genau in dem Tag, der gerade ist. Bin bei mir und nur noch selten bei dir. Es ist ruhig. Friedlich. Angenehm. Ich kann die Tage so nehmen, wie sie sind. Mich auf das konzentrieren was ich bin. Schreiben.

Tag 40 / 880 23:02 Julia an Stefan
Hey Stefan,

ich fange vorne an: Im Februar ging es mir gesundheitlich richtig schlecht. Innerhalb von zwei Wochen dreimal komplett bewegungsunfähig, Kreuzbein verschoben, Blockade. Ich konnte nicht mehr mal gerade stehen. Mein Heilpraktiker hat es immer wieder hinbekommen. Irgendwann hatte ich dann die Schnauze so voll, dass ich dachte Bewegung kann es auch nicht mehr schlimmer machen. Seitdem laufe ich an der Argen meine Runde. Am Anfang kroch ich mit meinen Stöcken, wie eine Schnecke. Und ganz langsam wird mein Rücken stabiler (werde du mal 40!). Nach vier Monaten denke ich „Hey Du Schnecke früher bist du mal gejoggt" und dann fing ich an. Eine Minute joggen, eine Minute laufen, steigere mich und nach ein paar Wochen laufe ich die Runde durch. Ich laufe einfach weil es Spaß macht. Und weil es einen knackigen Arsch gibt. Ich genieße diese kleinen Auszeiten sehr und den Effekt des Bodyshapings nehme ich gerne auch in Kauf!
So und was schreibe ich dir jetzt?
Mein absolutes Anti-Lieblingsessen ist aus aller tiefstem Herzen Rosenkohl, allein schon der Geruch *bäh* interessiert dich nicht? Ok!
Dann eben was anderes: Teil 1 zu 50 shades of grey – die Geschichte: Ana – ganz unerfahren in Sache Liebe – gerät an Christian Grey – sehr erfahren in Sachen Sex, aber nicht in Sachen Liebe. Sie Studentin, er erfolgreicher

Unternehmer. Er will keinen Blümchen- und Kuschelsex. Sondern er will mir ihr in sein ganz spezielles Spielzimmer. Es kommt wie es kommen muss, sie verlieben sich in einander, obwohl er das nie zugeben würde. Sie haben Sex, er lässt sich auf den Blümchensex ein und sie sich auf seine Vorlieben. Und sie hat einen Orgasmus nach dem anderen ☺ das war Teil 1! Zu dem Buch sei noch gesagt, dass es durch Mund zu Mund Propaganda bekannt wurde und mittlerweile breit diskutiert wird.

A.d.A. Mittlerweile verfilmt – ich werde mir den Film nicht anschauen.

Ich kann dir nur eins sagen: Wenn du irgendwo eine Frau mit diesem Buch sitzen siehst, dann sei dir sicher, dass sie gerade eine anregende Lektüre hat *zwinker*
Teil 2 – wie ich das Buch finde und was ich dazu denke, das schreib ich dir wenn ich mehr Rotwein getrunken habe.
So jetzt reicht es erstmal. Ich muss ins Bett. Aber ich freu mich, wenn ich morgen früh aufwache und du mir geschrieben hast.
Julia
Hab was vergessen: xx

Tag 41 / 880 5:07 Stefan an Julia
Guten Morgen Julia,

hoffe ich kann dir in Ruhe schreiben und das Geschäft lässt mich mal 5 Minuten in Ruhe *mecker*. Bin heute gar nicht gut drauf, hab zu wenig Schlaf, zu viel Arbeit und viel zu wenig von dir!! Muss heute die ganze Zeit an dich denken und fühl mich schlecht, weil ich dich so vermisse. Mit jedem neuen Foto wird es schlimmer. Was aber nicht heißt, dass ich keine mehr will!!!

Rosenkohl ist wahrhaftig das Allerletzte. Damit kannst du mich auch jagen *schauder*.

Schau Dir doch mal den Link zu meinem Verein an, da gibt es ein Foto von mir in Aktion - tja, da war ich noch jung und beweglich ☺

Und nun zu deinem kleinen Display (das Foto ist trotzdem wunderschön). Hab mal ebay nach meinem Vertrag geschaut und siehe da, den gibt es immer noch, sogar noch billiger Ich schick dir mal den Link – here you go! Dazu empfehle ich dir ein iPhone (ich bin bekennender Anhänger) oder ein Samsung, was auch nicht schlecht sein soll. ☺ Dann kannst du dir auch whatsapp drauf machen, dann können wir kostenlos Sms schreiben.

Find ich gut, dass du was für deine Gesundheit und deinen Knackarsch machst. Ich weiß wie viel Überwindung es kostet sich aufzuraffen und laufen zu gehen. Ab und zu gehe ich alleine laufen mit Metallica im Ohr ;-)

Ich würde gerne bald deinen zweiten Teil lesen. Ich bin so müde. Muss mich jetzt verabschieden, die 5 Minuten sind schon lange rum *stöhn*

Hab einen schönen Tag, ich denk an dich!!!
Miss you!
xx, Stefan
P.S.: Übrigens interessiert mich alles von und an
dir!

Tag 42/ 880 22:47 Julia an Stefan
Ein ganz normaler Tag heute: Arbeiten, Kids
versorgen, Hasenpflege, dann mit Anni meinen
Trip nach Hannover geplant und Flüge
gebucht. Jetzt erzähl mir nicht, dass du da
Geburtstag hast ;-)
Wir hatten es lustig. Ich sag so, ach Anni ich
weiß gar nicht wo ich anfangen soll. Frag mich
einfach was und dann haben wir nur noch
rumgehühnert, obwohl das Thema an sich ja
ernst ist. Ihr erste Frage: Julia, hast du eine
Affäre? Ja so war das, obwohl ich nicht weiß
ob ich es so bezeichnen möchte.
….
Stefan, funktioniert das sich über so lange Zeit
sich nicht zu sehen? Ich will dir noch schreiben,
wie ich ticke, such nach dem Anfang, vielleicht
so: Wenn sich unsere Wege treffen, nichts
lieber, nichts schöner. Wenn sich unsere Wege
nicht treffen, dann hat das einen Grund, den
ich vielleicht nicht toll finde oder auch erst
später verstehe. Unabhängig davon weiß ich
jeden Tag ein bisschen mehr wo ich stehe und
wo ich hin will und irgendwann bin ich dort. Das
weiß ich sicher. Bestimmt kommt auch eine Zeit

in der ich es nicht so optimistisch sehen kann.
Weil es mir nicht gut geht, ich in einem Tief
hänge. Das gehört zum Leben. Höhen und
Tiefen. Wenn es mir nicht schlecht geht, kann es
mir auch nicht gut gehen. So jetzt hör ich auf.
Du hast mir gerade geschrieben.
Julia

Tag 42 / 880 22:45 Stefan an Julia
Hallo Süße,
wollte gerade mal dein FB-Profil anschauen und
die haben mir gesagt, dass du dein Passwort
geändert hast *schnief*!
Schreibst du mir gerade? Ich drück die ganze
Zeit F5 ;-) du kommst mir heute sehr reserviert
vor, ist irgendwas passiert?
xx Stefan
von meinem iphone gesendet

Tag 42 / 880 23:17 Stefan an Julia
Scheibenkleister, hab dir gerade ne ganz lange
Mail geschrieben und schwupps ein falscher
Tastendruck und alles weg *grummel* Dann
eben noch mal:
Hab heute mit meinem Sohn Lego gebaut. Ist
schon witzig was die Kinder alles so für Ideen
haben. Danach Sofapflege, mit den Kindern
kuscheln und TV.

Das wegen der Karten zum Fußball, war nicht weil ich keine Zeit habe, sondern weil ich dachte, dass du sonntags nicht kommen kannst! Umso mehr freue ich mich, dass es doch klappt. Auch wenn Samstag mit einem Wasenbesuch im Dunkeln ein wenig schöner gewesen wäre. Vielleicht hätten wir uns ja ne halbe Stunde davonschleichen können *g*
Ok, dann erwähn ich halt nicht, dass ich da Geburtstag habe ;-)
xx, Stefan

Tag 43 / 880 00:57 Stefan an Julia
Betreff: Vermiss dich ....
Hallo mein Schatz,
ich muss heute schon wieder ständig an dich denken. Jeder meiner Gedanken kreist um dich. Ich würde so gerne neben dir im Bett liegen. Dann würde ich mich langsam an dich drücken, beginnen dich zu streicheln und zu küssen…vielleicht hätte ich ja Glück und du würdest aufwachen ;-) Möchte jetzt so gern mit dir schlafen!!!
Hab mir endlich dein FB-Profil angeschaut. Es ist so schön dich auf den Bildern in verschiedenen Situationen zu sehen *schmacht*.
Hast Du an meinen Geburtstag gedacht, als du dein Passwort geändert hast oder ist das Zufall?

A.d.A.: Haha – Zufall .....ohne Worte

So, jetzt lass ich dich weiterschlafen und gebe dir noch einen zärtlichen Kuss.

Tag 43 / 880 6:08 Julia an Stefan
Re: Vermiss Dich....
Du bist aber neugierig! Reiner Zufall – natürlich ☺.
Ich hab ein krankes Kind zu hause, jetzt lass ich ihn erstmal ausschlafen und dann schau ich ob ich noch zum arbeiten kann.
xx Ju

Tag 44 / 880 4:43 Stefan an Julia
Guten Morgen mein Schatz,
hoffe du hast noch gut geschlafen. Was war denn gestern los bei dir? Du musst es mir natürlich nicht erzählen, wenn du nicht willst. Ich hoffe nur, dass er dir oder den Kindern gegenüber nicht gewalttätig geworden ist. Hab mir Sorgen gemacht.
Ich schlepp mich heute so durch die Nacht. Weiß gar nicht was mit mir los ist. Wenn ich nur wüsste, wo das her kommt. Na ja, jetzt hab ich noch 2 Stunden, das werde ich schon noch schaffen.
Was hast du fürs Wochenende geplant? Das Wetter soll ja recht schön werden. Ich glaub ich muss erstmal auspennen und dann mal schauen. Tag der offenen Tür beim

Mercedeshändler und ein Flohmarkt in Tübingen.

So, jetzt noch mal zu deiner schwarzen Neuanschaffung. Und ich meine nicht die Unterwäsche ;-) Was ist das noch mal für eins? Samsung hört sich ja gut an, da gibt es viele Apps, sogar eine mit der wir kostenlos telefonieren können. Ich schau mal nach. Denn meine 100 Minuten sind bald alle.

Hätte gestern Abend gerne noch mal deine Stimme gehört, schade, dass es nicht geklappt hat. Hab mich echt beschissen gefühlt, nachdem was du mir geschrieben hast und ich kann nicht eingreifen. Ich wünsche dir ein schönes Wochenende mein Schatz, lass dich nicht stressen oder ärgern. Genieße das Leben und wenn es dir schlecht geht, denk einfach an mich oder schreib mir ne Sms, Email, Postkarte ;-)

Vermisse dich!!!

xx, Stefan

P.S.: Neugier ist mein zweiter Vorname und dass das Zufall war glaub ich dir net ;-)

Tag 26

Heute war ein trauriger, gedämpfter Tag. Das Wochenende ist so dahin geplätschert. Ich war so müde. Am Freitag und auch heute. Die letzte Nacht war unruhig. Mein Sohn hatte einen schlimmen Hustenanfall mit Atemnot.

Seine Angst war nicht atmen zu können. Wir haben es gut hinbekommen. Ich hab meine Hände auf seine Brust gelegt und ganz ruhig mit ihm gesprochen. Wir haben zusammen geatmet, das Fenster aufgemacht und ich hab ihm ganz ruhig immer wieder gesagt, dass da Luft reingeht und wieder raus. Er ist mein Spiegel. Es hat mich so an die Situation vor GENAU einem Jahr erinnert. Der gleiche Husten, fast die gleiche Uhrzeit. Diesmal sind wir liegen geblieben. Mein Kreislauf war auch fast weg, mir ging es gar nicht gut. Ich bin nicht gestürzt, hab mich nicht verletzt und somit hat es diesmal nicht wehgetan. Das Ergebnis war das Gleiche wie vor einem Jahr. Zu etwas Schönem konnte ich nicht fahren. Letztes Jahr konnte ich dich nicht treffen. Heute konnte ich nicht zu dem Workshop fahren. Ich hätte es schon durchdrücken können. Aber nach der Erfahrung mit Dresden mache ich das nicht mehr. Ich bleibe bei meinen Kindern, wenn es sie krank sind.

Es hat mich einfach traurig gemacht. Ich wäre gerne zu Robert Betz gefahren und ihn einen Tag erlebt. Ein Tag mit gleich gesinnten Menschen. Vielleicht endlich mal Menschen, die nicht so im Opfer sein gefangen sind. Wer weiß was passiert wäre, wenn ich trotzdem gefahren wäre. Für irgendetwas war es gut nicht zu fahren. Für meine Kinder. Für mich. Für mein Auto? Vielleicht hätte ich eine Panne gehabt oder wäre in einen Unfall verwickelt worden. Und vielleicht war es gar nicht das richtige Thema für mich oder vielleicht finde ich meinen Weg alleine?!

Was auch immer. Ich bin so müde. So erschöpft. Ich träume wieder sehr intensiv, manchmal erinnere ich mich sogar noch daran. Manchmal schlafe ich nur sehr leicht und muss mich immer wieder abgrenzen. Sogar im Schlaf, weil es so real und wirklich ist. Stelle mir Licht um mich rum vor um mich zu schützen. Um die Themen der anderen nicht zu meinen zu machen.

So viel Unordnung bei den Menschen in meinem Umfeld. Bei neuen Bekannten, Kollegen und alten Freunden. Ich ordne für mich eins nach dem anderen. Und ich gewinne den Eindruck, dass so viele Menschen mit sich selbst und ihren Beziehungen überhaupt nicht mehr zu recht kommen. Sie leiden vor sich hin und werden krank. Krank am Herzen. Zu hoher Blutdruck. Zu viel Druck im Leben. Augen, die sich selbst zerstören und nicht mehr sehen wollen. Fettstoffwechselkrankheit. Der Körper vergiftet sich selbst, weil das Blut sich nicht mehr reinigen kann. Fettleber, auch so, das Blut nicht mehr richtig gereinigt und die Folge Vergiftung des Körpers.

Das macht mir Angst. Leute, wacht auf. Ihr habt es selbst in der Hand. Übernehmt Verantwortung für euer Leben und eure Körper und eure Gesundheit. Macht euch nicht von Medikamenten abhängig. Fangt an Kontakt zu euch selbst aufzunehmen. Ihr könnt es schaffen gesund zu werden. Mit der Medizin und indem ihr gut mit euch selbst umgeht, liebevoll! Ich spreche nicht davon alles zu verdammen, was es in der Apotheke und auf Rezept so gibt. Ihr werdet merken, dass ihr mit der Zeit immer weniger braucht. Wieder gesund seid. Euch gut fühlt und das Leben leicht und schön ist. Traut euch. Fangt mit dem ersten Schritt an. Ich spreche von der Einheit von Körper, Geist und Seele.

Heute mag ich in die Welt der Mails nicht mehr betreten. Ich verspüre wenig Energie mich mit dir zu beschäftigen. Erinnerungen an dich und an eine glückliche Zeit. Und an die Unglückliche. Ein Tag Glück und 30 Tage allein sein. Das war der Preis. Hoch und doch bezahlbar. Ich mag das hier nicht versanden lassen, sondern weiter in den Fluss zu bringen und es realisieren. Ein Buch in den Händen halten.

Da geh ich jetzt noch durch und dann ist Zeit und vor allem Platz für Neues: Mein Herz zu öffnen und die Wunden heilen zu lassen. Zeit mich wieder zu verlieben und einen Mann in mein Herz zu lassen. Zeit für die allerschönsten Träume und ganz viel Liebe. Eine Partnerschaft. Für intensive Gefühle. Für Schmetterlinge.

Glücklich sein. Visionen in die Realität holen. Ich freu mich drauf.

Schön dir heute zu schreiben.

Tag 27 – ich fühl mich gut

Alles ist gut. So wie wir es uns oft geschrieben haben. Alles wird gut. Alles ist gut. Und wenn's noch nicht gut ist, dann ist es noch nicht vorbei. Doch heute ist alles gut. ☺

Ich fühle mich von dem was meine süße Kollegin mir erzählt so erinnert an uns. Genau so war es bei uns. Wundervoll und schön. Ich habe mich von dir bedingungslos geliebt gefühlt, wie noch niemals zuvor in meinem Leben. Du hast mir das Gefühl gegeben wunderschön zu sein. So habe ich mich niemals zuvor gefühlt. Danke. Das konnte ich lange lesen. In deinen Nachrichten. Konnte es hören in der Wärme deiner Stimme. Ich konnte das Glück und die Liebe in deinen Augen sehen. Und das bleibt. Unvergesslich.

Der Bruch kam ganz leise im Sommer. Nach meinem Umzug war nichts mehr wie vorher. Du hast angefangen wieder mit ihr zu schlafen. Und es nicht gesagt. Und wolltest es wahrscheinlich selbst nicht wahrhaben, was da passierte.

Wir haben beide nicht mehr an unseren Traum geglaubt. Das ist die Antwort.

Du hattest in dir, dass du nicht gehen kannst. Und ich hatte in mir, dass ich für dich nicht gut genug bin. Ich habe damals wirklich geglaubt, dass ich nicht gleichzeitig Mutter und Frau sein kann.

Liebe ist einfach. Und wenn es sein soll funktioniert sie ohne gedanklich in die Zukunft zu galoppieren. Sorgen sind überflüssig. Es fließt vor sich hin und die Liebe sucht sich ihren ganz eigenen Weg.

Erinnerst du dich an die schönen Bilder, die es von uns zusammen gibt? Auf denen wir beide strahlen. Auf denen du glücklich bist. Mit jedem Bild, das sie auf FB postet sehe ich dich und weiß wie es dir geht. Ich sehe deine Augen, deinen Mund, deinen Gesichtsausdruck. Lasse die Aufnahmen auf mich wirken. Du musst nichts sagen. Ein Lächeln, das die Augen nicht erreicht. Die Augen sind der Spiegel des Herzens.

Stefan, ich habe kapiert, dass es deine Wahl ist dort zu sein. Trotzdem macht sie mich traurig. Wie lange willst du diese Maske noch tragen? Manchmal habe ich Angst um dich. Ich kann dir überhaupt nicht helfen. Wünsche mir, dass du körperlich und gesundheitlich stabil bleibst.

Und weiß doch, dass ein Bruch, ein Einbruch kommen kann. Und es wird erst dann besser, wenn du dein Herz öffnest, ehrlich zu dir selbst wirst. Den Schlüssel zu deinem Herzen benutzt.

Ich liebe dich auch heute noch. Aus der Ferne. So wie zu Beginn mein Liebster. Ich wünsche dir, dass auch für dich alles gut wird.

Abends bin ich glücklich. Kerzenlicht, Cremant und Energie um zu schreiben. Meinen Gefühlen Raum geben zu können. Sie aufzuschreiben. In diesen Augenblicken geht es mir gut, ich bin endlich endlich ganz. Von dem Unstimmigen in meinem Leben innerlich nicht mehr zerrissen. Vom Hoffen und Zweifeln. Von der Liebe und der Wut. Von Glaube und Ratlosigkeit.

Und was mir mein Spezl – Hallo Jo ☺ - vor fast einem Jahr mit auf den Weg gab, hab ich jetzt auch kapiert. Endlich. Kann es fühlen was er meinte. Das Warten ist vorbei. Ich bin gelassen. Folge meinem Herz jeden Tag. Lasse geschehen. Jeden Tag kommen was gut für mich ist. Bin Mittelpunkt meines Lebens. Keine quälenden Ballastfragen mehr auf die ich keine Antworten finde.

Stefan, auch wenn deine Antworten ehrlich waren, es war nicht das was ich hören wollte.

Nach den Sommerferien hast du mir einen Dolch ins Herz gerammt. So was habe ich noch nie gefühlt. Schmerzen körperlich und seelisch. Diese Wunde verheilte nicht. Und dann hast du ihn wieder in die Hand genommen und noch mal zugestoßen.

War das fair? Ich hab dir deinen Dolch abgenommen und ihn gegen dich gewendet.

Du hast mit deinem Verhalten alle verletzt, die du liebst und dich selbst dazu.

Das Schlimmste ist vorbei. Alles musste so kommen.

Gregor Meyle und Steffi von Silbermond: Ihr zwei wunderbaren Musiker. Ihr berührt mich ganz tief da drinnen, sprecht mir aus der Seele. So viel Wahrheit und so viel Gefühl in eurer Musik. Vielen Dank!

Du warst mein Schatz und ich war dein Schatz. Und das was ich mit dir erlebt habe ist mir auch heute noch kostbar und ich werde ihn hüten, meinen Schatz.

Pass bitte auf dich auf. XX. Wir sehen uns wieder. Irgendwann.

Tag 44 / 880 8:20 Julia an Stefan
Guten Morgen zurück,

ich probier mal zu antworten. Mal schauen wie weit ich komme, also nicht wundern wenn die Mail plötzlich endet.

Ich hatte meinen Kleinen heute mit bei der Arbeit dabei. Auf dem Weg dorthin hat mich so ein blöder Apfelbauer nicht gesehen und mir meinen Spiegel abgefahren. Gott sei Dank stand ich schon und war fast von der Fahrbahn runter. Ansonsten wären wir wohl die Böschung runtergekullert.

Ins Kino sind wir dann doch nicht mehr, das Wetter war so schön. Wir waren bei Euronics und ich hab mir ein Samsung mitgenommen. Danach waren wir spontan bei unseren Nachbarn zum Grillen. Wir saßen noch lange am Feuer, toller Sternenhimmel, friedliche Stimmung.

Nein nicht gewalttätig, aber auch Worte hinterlassen Wunden, das wissen wir alle. Und müde weinende Kinder runter laufen zu lassen und nur anzufegen „hör auf zu plärren" und nicht in den Arm nehmen – das geht gar nicht. Wir hatten früher einen Hund, der durfte Hund sein. Meine Kinder dürfen nicht Kind sein, müssen funktionieren und mein Kleiner bekommt irgendwelche Befehle um die Ohren gehauen. Wenn mir die Tränen runter laufen und er mich nicht in den Arm nehmen mag – ok. Irgendwann hörst du einfach auf zu weinen. Aber nicht meine Zwei!

Und dann schlitterst du in mein Leben, die mühsam errichtete Fassade stürzt, mein Selbstschutz. Und dann ist es vorbei mit meiner

Fassung und manchmal kommt dann erstaunlicher Buchstabensalat ;-) heraus.
Mein Wochenende? Heute den Tag alleine mit den Kindern verbringen - ich muss aufhören. Werde nicht krank und nehme es mir nicht übel wenn ich manchmal so distanziert bin. Das hat selten mit dir zu tun, sondern immer mit mir. Wenn ich versuch mich selbst zu schützen, meine Fassade halbwegs aufgebaut hab. Ich weiß nicht ob das gut ist, wenn ich dir das alles schreibe.
xx Julia

Tag 44 / 880 20:56 Stefan an Julia
Hi,
heute ist wieder einer der verdammten Tage, die ich kaum ertrage. Vermisse dich so schrecklich mein Schatz und wäre so gerne bei dir. Ich bin eigentlich gar nicht neugierig, war nur ein Späßle. Schlaf gut und träum von mir. Ich bin in Gedanken immer bei dir!
xx, Stefan

Tag 44 / 880 21:14 Julia an Stefan
Ich mag gar nicht schlafen, noch nicht. Ich mag auch nicht alleine sein, mag dich auch bei mir haben. Übersetzt du mir heute xx??
Julia

Tag 44 / 880 22:11:30 Stefan an Julia
Nur 3 Buchstaben - ild
Von meinem Iphone gesendet

Tag 44 / 880 22:56 Julia an Stefan
Hey,
das sind die schönsten Nachrichten, weil ich nicht damit gerechnet habe, heute noch eine Antwort zu bekommen und dann noch was für eine!
Wie lange bist du noch wach bis du schlafen kannst? Was machst du die halbe Nacht? Schade, dass du nicht neugierig bist. Eigentlich find ich neugierige Männer gut.
Ich weiß ich soll es dir nicht schreiben, dass du es nicht wissen willst – aber ich glaube es ist besser wenn ich das Date mit Autoverkäufer platzen lasse. Weiß nicht ob ich ihm gut tue. Weißt du, dass das gestern mindestens 50 Sms waren, die da hin und her gingen zwischen uns?!
Weißt du Stefan, das fehlt mir. Dass ich nicht die Chance habe, dich richtig kennen zu lernen. Mit dir zu reden, vom 100sten ins 1000ste zu kommen. Deine Macken, deine Gefühle, was dich bewegt, was dir was bedeutet, einfach was dich ausmacht, wie du bist. Das sind alles viele kleine Puzzlestücke. Aber vielleicht ist es

122

auch das, was es für mich so kostbar und schön macht, wenn ich von dir höre oder wir dann doch mal sprechen können.

Erzählst du mir irgendwann mal mehr von deinem Dad? Ich weiß, dass wir darüber gesprochen haben, aber es ist komplett weg. Hast du Geschwister? Da hat meine Festplatte einen Aussetzer. Schwester war das, oder? Und Bruder?

Was geht dir durch den Kopf

Gute N8 Stefan, ich weiß schon gar nicht mehr wie du aussiehst. Auch wenn ich ein Bild von dir anschaue macht es das nicht wett. Ich muss mich ganz schön anstrengen um dich zu sehen. Wenn wir uns wieder sehen wird das bestimmt ganz schön strange. Wenn zu den Mails, Sms und TGs und den vielen Emotionen auf einmal ein richtiger Mann vor mir steht.

Julia

Tag 45 / 880 21:59 Stefan an Julia
Hallo Schönheit,
hab mich echt die halbe Nacht im Bett hin und her gedreht und konnte nicht schlafen. Bin dann irgendwann ins Gästezimmer ausgewandert und hab gelesen. Bin dann heute echt spät aus den Federn gekrochen, obwohl das anders geplant war. Somit hatte sich der Ausflug nach Tübingen schon erledigt. Ich war dann noch kurz auf dem Sportplatz zuschauen. Dann wollten meine zwei auch

noch unbedingt ne Runde mit mir Fußball spielen. Hab sie natürlich gewinnen lassen und jetzt bin ich schon wieder fast 2 Stunden im Geschäft.

Was hast du denn zu verzocken bei ebay. Vielleicht kann ich ja was brauchen. Würde es dann auch persönlich abholen kommen ;-) Versteh mich nicht falsch, wegen mir brauchst du das Date mit dem Autoverkäufer nicht absagen. Nur wenn ich immer les, wie oft ihr euch seht, dann werde ich ganz arg traurig!!! Und neidisch wie sau! Aber ich vertrau dir schon so weit, dass du die Finger vom Autoverkäufer lassen wirst.

Ich finde es auch sehr schade, dass wir keine Gelegenheit haben uns richtig kennen zu lernen. Nur über die Mails erfahren wir ein wenig von einander. Aber das ist nicht das Gleiche. Hoffe wir haben aber in Zukunft noch viele Gelegenheiten das nachzuholen. Meine Macken musst ja net unbedingt alle wissen ;-)

Hm, was kann ich dir von meinem Vater erzählen?! Er war ein absoluter Familienmensch, uns wurde nie langweilig. Irgendetwas hat er am Wochenende immer geplant. Außerdem war er auch ein großer Fußballfan und Förderer seiner drei Söhne. Er ist, immer wenn er Zeit hatte, mit mir auf den Bolzplatz und hat mit mir gekickt. Außerdem war er in der Jugend auch mein Trainer. Er hat dann gleich mein nicht vorhandenes Talent entdeckt und mich ins Tor gesteckt. *g* Da wollt ich dann auch nimmer raus.

Er ist leider kurz nach meinem 30. Geburtstag an einer Art Blutkrebs gestorben.
Eine Geschichte muss ich dir erzählen, das find ich bis heute noch hammermäßig. Wir waren immer donnerstags nach dem Training noch unterwegs. Sind nach Ludwigsburg in den Pflaumenbaum gegangen. Einer musste immer fahren und das war an diesem Tag nicht ich. War zu der Zeit noch in der Ausbildung und hatte schon den Führerschein und ein Auto. Ich kam also um drei Uhr morgens stockbesoffen nach Hause. Mein Vater hatte an diesem Tag frei. Er hat mich dann wie jeden Morgen geweckt. Als er mich dann ansah, hat er glaub einen ganz schönen Schreck bekommen und gesagt, dass ich so heute nicht mit dem Auto ins Geschäft fahren kann. Ich dachte der spinnt und habe darauf bestanden mit dem Auto zu fahren, da ich danach auch noch rechtzeitig ins Training kommen wollte. Das hat dann wohl gezogen. Jedenfalls hat mich mein Vater mit meinem Auto nach Untertürkheim gefahren und ist dann mit der S-Bahn wieder heim. Das fand ich damals gar nicht so spektakulär. Aber im Nachhinein betrachtet find ich es den totalen Hammer. Hoffe ich hab dich jetzt nicht gelangweilt.
Ich habe 3 Geschwister, 2 Brüder und 1 Schwester. Alle älter als ich. War ein Nachzügler und au net so richtig geplant ;-)
Küsse Dich.
xx

Tag 46 / 880 6:12 Julia an Stefan

Guten Morgen Stefan,

na, doch ansteckend diese E-Mailerei, denn mir ging es heute Nacht auch so. War kurz davor auf's Sofa auszuwandern. Kalte Füße, kalte Nase, kleine hustende Deckendiebe und ein großer lauter Mann.

Weißt du Stefan, manchmal tu ich mich echt schwer bei dir auf zu machen. Hab ich dir schon geschrieben. Und das zu sagen, was ich denke und fühle. Ich trau mich oft nicht, weil ich nicht weiß wie es bei dir ankommt. Ich hab Angst dich zu verlieren obwohl ich dich gar nicht habe. Dass es aus ist bevor es überhaupt richtig angefangen hat.

In der Anonymität der Nacht geht es besser, aber wenn es hell ist oder wenn ich deine Stimme höre, da ist es bei mir manchmal komplett vorbei – sorry! Ich hab von dir geträumt – leider nicht gut – ich wollte dich anrufen und hab deine Nummer nicht mehr gefunden, dann konnte ich dich nicht mehr erreichen weil es 6:44 Uhr war – Müll. ☹

Was du mir von deinem Vater geschrieben hast ist schön. Das geht mir ans Herz, was ganz besonderes. So ähnlich war das bei uns auch. Mein Dad war und ist mein größter Förderer. Auch heute noch. Auch wenn er manchmal schon ganz schön schrullig ist. Aber manchmal hat er noch ganz große Momente und ich merke, dass er zu 100% hinter mir steht und mich über alles liebt.

Mein Dad ist immer mit uns Fahrrad gefahren, er hatte so eine Runde, 6 km und die sind wir immer gefahren. Und irgendwann hatten wir eine Tischtennisplatte, erst draußen in der Garage und dann im Hobbyraum. Mit elf habe ich angefangen dann im Verein Tischtennis zu spielen. Nach zwei Jahren war ich dann schon ziemlich gut und hab in der höchsten Spielklasse bei den Mädchen gespielt. Mein Dad hat mich überall hingefahren: Training, Spiele, Turniere. Mein Bruder meinte immer ich würde es bis in die Bundesliga schaffen. Den Ehrgeiz hatte ich nie. Ich hab einfach nur gerne gespielt, da gab es ganz viele andere Sachen noch, die mir wichtig waren: Weggehen, tanzen, Jungs usw.

Kannst du mir bitte irgendwas schreiben wie in die Richtung „das in deinem Traum wird nicht passieren"?

Deine Julia

Tag 47 / 880 5:00 Stefan an Julia
Guten Morgen Julia,
hoffe du konntest heute besser schlafen und niemand hat dir die Decke geklaut ;-)
Warum traust du dich nicht mir zu schreiben was du fühlst? Du brauchst bestimmt keine Angst zu haben mich zu verlieren. So schnell wirst du mich nicht los!! Allerdings fällt es mir

schwer über meine Gefühle zu reden. Aber ich bin ja auch ein Mann! Tolle Ausrede, was?!
Du hast echt Glück, dass deine beiden Eltern noch da sind. Manchmal vermisse ich meinen Vater sehr. Würde gerne mit ihm reden und ihm vielleicht auch einige Sachen erklären, die ich in meiner Jugend falsch gemacht habe. Oder auch als ich schon erwachsen war. Weiß gar nicht wie ich es beschreiben soll. Und ich würde ihm gerne sagen, wie stolz ich auf ihn bin und wie froh, dass er mein Vater ist. Na ja, jetzt muss halt meine Mutter herhalten.
Jetzt hab ich dich zugetextet. Dann hast du was zum lesen beim Kaffee. Ich wünsch dir einen schönen Tag, genieße die Sonne und denk ab und zu an mich. Vermisse dich!!!
xx, Stefan

Tag 47 / 880 6:39 Julia an Stefan
Beim ersten Mal lese ich deine Mail immer ganz schnell, überfliege sie und danach lese ich sie noch mal in Ruhe
Guten Morgen lieber Stefan,
ich hatte auch so eine beste Freundin, wir waren vom ersten bis zum letzten Schultag unzertrennlich. Dann war die Schule vorbei und sie ist für 6 Wochen ins Ausland. Als wir uns nach 3 Monaten endlich wieder sahen war alles anders. Ich hatte einen neuen Freund, der mit meiner Clique überhaupt nicht kompatibel war. Ich habe es nicht mal gemerkt und alle fallen

lassen. Nach 2 Jahren war ich dann auf einmal sehr alleine. Das bringen Wochenendbeziehungen so mit sich. Meine Freundin lebt heute in Cannstatt, ist verheiratet und hat zwei Kinder. So wie irgendwie alle. Wir haben ab und zu Kontakt, aber es ist nie wieder so geworden, wie es einmal war.

Eigentlich würde ich dir gerne von meinem Bruder schreiben, den ich über alles lieb. Aber wenn ich dir jetzt davon schreib, dann kullern gleich die Tränen. Ich hab ihn seit 6,5 Jahren nicht gesehen und meinen Kleinen kennt er gar nicht.

Mein Dad ist bei uns der Freidenker, Abenteurer und Entdecker. Meine Mutter die Bewahrerin. Sie fragt mich selbst heute noch nach 11 Jahren, ob ich nicht zurück zur Bank möchte. Nein, will ich nicht!!! Wir hatten ein gutes Gespräch bevor sie in den Urlaub gefahren ist. Sie hat mir erzählt, dass sie meinen Vater verlassen wollte, als wir noch ganz klein waren. Das wusste ich bis jetzt nicht. Sie ist ne tolle Frau. Ich bin stolz auf sie und hoffe, dass ich ihre Gene habe.

Mein Dad ist ziemlich lässig, auch wenn er alt geworden ist. Er ist viel mit seinem E-bike unterwegs. Manchmal hat er noch Sternstunden und dann kann ich mich richtig gut mit ihm unterhalten. Wenn ich dann wieder irgendeine Idee habe, dann sagt er: Ja das find ich gut, Jule, mach das. Wenn ich ihn dann noch mal frage, dann sagt er: Ja, weil es dich im Kopf beweglich hält, wenn du was Neues

ausprobierst. An meinem Dad mag ich
besonders, dass er nicht stinkig ist, wenn ich
keine Lust hab zu reden habe oder keine Zeit
für ihn hab. Manchmal hab ich richtig Angst ihn
zu verlieren. Besonders wenn ich ihn dann einen
Tag nicht sehe. Ich weiß, dass ich ihn nicht mehr
so lange in meinem Leben haben werde.
Ja, das ist eine tolle Ausrede ;-) damit kommst
du nur nicht durch. Verlass dich drauf!
Schlaf gut, träum was Schönes und vermiss
mich!
Julia

Tag 48 / 880 4:51 Stefan an Julia
Guten Morgen schöne Frau,
wie war deine Nacht? Bist nach der Sms gleich
wieder eingeschlafen? Oh Mann, ich wäre so
gern bei dir in der Nacht und würde dich in den
Arm nehmen, damit du gut schlafen kannst.
Oh Mann, du hast mich ja ganz schön
veräppelt, dass du an unserem Date nicht
kannst. Mir ist echt das Herz in die Hose
gerutscht und ich hab fast mein Handy in die
Ecke geschmissen. Hab dann noch auf ne gute
Nachricht gewartet. Du hast mich ganz schön
erwischt - na warte ;-) Müssen das geschickt
anstellen, dass wir dann nebeneinander im
Stadion sitzen. Stell dir mal vor auf der einen
Seite sitzt der Autoverkäufer und auf der
anderen der Manager?! Und du flirtest dann

mit mir? Da freu ich mich dann schon wahnsinnig drauf!

Warum hast du denn keinen Kontakt zu deinem Bruder? Wenn du es nicht schreiben willst, ist das kein Problem.

So ich muss jetzt leider weiter arbeiten, ich mach schon den ganzen Abend an so einem besch… Fehler rum und komm keinen Schritt weiter. Gott sei Dank kommt bald die Frühschicht. Wünsch dir einen schönen Tag, auch wenn die Wetteraussichten nicht so rosig sind. Denk einfach an mich, das bringt vielleicht ein bisschen Sonne in dein Herz ;-)

1001 Küsse

xxxxxxxxxxxxxxxxxxxxxxxxxxxxxxxxxxxxxxxxxxxxxxxxxxx xxxxxxxxxxxxxxxxxxxxxxxxxxxxxxxxxxxxxxxxxxxxxStef an

Tag 48 / 880 6:37 Julia an Stefan

Der besch… Fehler ist, dass wir beide nicht frei sind. Das ist mir spontan durch den Kopf, wenn ich offen und ehrlich bin. Brauchst du nicht zu kommentieren. Wissen wir beide!

Ja, das war ein bisschen link. Ich hoffe du hast es mittlerweile verkraftet und dein Handy scheint auch noch zu leben ;-)

Also das mit dem anderen Date ist nur so ne Idee. Du musst mir auch nichts versprechen. Wo wir uns treffen können? Keine Ahnung, darüber mache ich mir erst Gedanken, wenn du mir schreibst, dass du unterwegs bist. Keine

Ahnung. Ich hol am Freitagmittag meine Freundin ab und wir fahren dann los ins Wellness-Wander-Wochenende. Bis wir dann dort sind weiß sie alles über dich. ;-) lacht mit mir und weint mit mir. Und wenn ich dich dann am Freitag, Samstag oder Sonntag zu Gesicht bekomme 3 Buchstaben – frei wählbar ☺

Oh die Geschichte mit meinem Bruder ist zu lang zum Schreiben. Ich kann nur vermuten warum der Kontakt nicht besteht.

Wahrscheinlich hängt es irgendwie mit seiner Frau zusammen. Er ist sehr kinderlieb und sie ist etwas älter wie er und somit ist die Kinderfrage für sie durch. Vielleicht will er ihr nicht wehtun. Ich hab Sorge, dass wir uns das nächste Mal auf einer Beerdigung sehen. Das macht mich unheimlich traurig.

Stefan, wann liest du meine Mails eigentlich? Bevor du schlafen gehst oder wenn du wieder aufwachst?

Schlaf gut

Julia

P.S.: Hotelzimmer???

Tag 49 / 880 4:05 Stefan an Julia

Guten Morgen mein Schatz,

hast du ausgeschlafen? *g* Bei 5,5 Stunden Schlaf wahrscheinlich nicht. Wenn ich Frühschicht mach schlaf ich manchmal auch nicht länger. Muss dann um 4:10 aufstehen. Mit zunehmendem Alter wird das nicht leichter – ja ja, die 4 wartet!

So, du bekommst heute also deine neue Karte – schön. Bekommst du dann auch einen neue Nummer? Das mit den Apps ist so nen Ding. Mit Android bin ich nicht so bewandert. Auf alle Fälle müsste es so ne Art Shop geben, wo du die Apps runterladen kannst. Auf jeden Fall musst du dir dann gleich den Whatsapp runterladen. Und dann auch noch Viber für kostenloses telefonieren.

Deine Mails lese ich meist kurz nach dem Aufstehen. Aber manchmal halt ich es nicht aus. Und dann steh ich um 11:00 auf und hol mein Handy, lese sie und dann kann ich gut weiter schlafen.

Was macht dein Kratzen im Hals? Wieder besser geworden? Heute kann ich auch nicht so lange schlafen. Ich muss noch zu meiner Mutter. Die hat sich einen Spiegel abgefahren. Kommt dir das bekannt vor? Was ist da eigentlich bei dir draus geworden? Hat die Versicherung bezahlt?

Ist das eigentlich Sternzeichenabhängig wie sehr man einen Menschen vermissen kann? Das hört sich in deiner letzten Sms so an.

Kennst Du das Büchlein „Weißt du eigentlich wie lieb ich dich hab?" Ich müsste das dann etwas umdichten und sagen: Ich vermisse dich von hier bis zum Mond und wieder zurück.

Was erzählst du denn deiner Freundin alles von mir? Hoffentlich nur gutes!

Ich würde dich auch so gern treffen und so viel Zeit mit dir haben. Mit dir reden, ein Glas Wein trinken, dich küssen wann ich mag und noch viel mehr. Ich hoffe, dass wir das bald machen können.
Und der Autoverkäufer war auch wieder am See unterwegs?! Der hat es gut.
Ich wünsche dir einen schönen Tag mein Schatz.
1002 Küsse
xx, Stefan

Tag 49 / 880 22:46 Julia an Stefan
Bin zu hause und relativ fit. Eine halbe Stunde Mittagschlaf macht es möglich und los geht es
Hallo Stefan!
Mein Tag heute? Willst du das echt wissen? Ok.
Aufstehen (müde) - Arbeiten - einkaufen - kochen - Kinder - Mittagsschlaf (keine Kinder und mit schönen Gedanken) - Kaffee - Rasen mähen – Garenarbeit – Wäsche – Hometrainer – Abendessen – Vortrag besucht und jetzt endlich Zeit um an dich zu denken.
Meine Sim-Karte ist immer noch nicht da, aber ich denke, dass ich das schon hinbekomme. Ein Freund hat mir schon ein wenig zum Thema Samsung geschrieben. Das kann nicht so schwer sein.
Das ist lustig mit deiner Mum. Ja das kommt mir sehr bekannt vor. Aber einen kleinen Unterschied gibt es schon. Ich wurde

angefahren! Und einen Mann, der sich um solche Angelegenheiten für mich kümmert, fände ich auch toll. Da muss ich wohl noch ein paar Jahre warten bis mein Sohn groß genug für so was ist.

Also fit bin ich immer noch nicht, ziemlich verschnupft. Merk es beim trainieren.

Eigentlich hab ich kein Faible für Stenzeichen. Ich weiß nur so ein bisschen wie Jungfrauen und Waagen und Stiere sind. Bei Skorpionen kenn ich mich gar nicht aus. Ich komm mit Ihnen ganz gut klar. Manchmal wenn sie ihren Stachel ausfahren und zustechen, dann tut das ganz schön weh.

A.d.A.: Oh ja ☹

Klar kenn ich das Buch. Als ich heute Morgen deine Umdichtung gelesen habe fand ich das sehr schön. Leider ist das Buch bei mir mit einer nicht so guten Zeit verknüpft – erinnern tut weh. Der Autoverkäufer war zwar im Allgäu unterwegs aber ich hab abgesagt. Aber wir haben das Stadion-Date klar gemacht. Das ist ganz schön anstrengend mit euch Stuttgarter Kerlen, aber man muss Prios setzen, gell! Mein Tag morgen: Aufstehen – nicht müde – Stefan anrufen(ok?) – arbeiten – kochen – laufen – einkaufen. Und dann ☹ Hilfe Wochenende – nicht schon wieder von dir abgeschnitten sein. Man sollte nicht meinen, dass ich ne erwachsene Frau bin.

Wie waren deine letzten zwei Tage? Was hast du gemacht? Wie geht es dir da oben in Stuttgart?

Gestern Abend war ich noch mit meinem besten Freund weg. Wir haben uns endlich wegen dem Weinfest ausgesprochen – ich war ziemlich stinkig auf ihn, wir hatten noch einige Altlasten. Jetzt ist alles wieder gut. Hab nen tollen Freund und meine Ehe-Schublade war ziemlich weit offen. Wo es im Urlaub für mich scheiße war, war er für mich da. Hat mich aufgefangen und eigentlich konnte ich ihm schon nicht mehr böse sein. Auf dem Heimweg hab ich Rotz und Wasser geheult. Dafür musste ich mich dann nicht mehr abschminken. Ich weine zurzeit viel, das fällt mir gerade so auf. Die letzten zwei Jahre war es eher immer andersrum. Er hatte zwei Jahre ne Affäre und sich dann Anfang 2012 von seiner langjährigen Partnerin getrennt hat (nach 19 Jahren). Mittlerweile steht er alleine da, ganz alleine. Ich hab ihn die letzten zwei Jahre arg getreten und ihm viele Sachen gesagt, die er nicht hören wollte. Auch, wenn er zu lange wartet, fliegt ihm sein ganzes Leben um die Ohren und dann steht er ganz allein da. So kam es. Das tut es jetzt seit Februar. Ganz schön heftig.

Versteh mich nicht falsch, ich erzähl es dir einfach, ohne Hintergedanken oder Moral oder irgendwas. Das ist das was ich heute erlebt habe, was mich heute beschäftigt. Jetzt hör ich auf. Bis gleich?! Per Sms?!

Julia

Tag 50 / 880 5:21 Stefan an Julia
Guten Morgen meine Schöne,
jetzt komm ich endlich zum Schreiben. Blöde
Arbeit. Werde mich mal beschweren, das kann
ja wohl nicht sein, dass ich nachts so viel
arbeiten muss ;-)
Ich freu mich schon auf mein Bettchen. Da
werde ich bestimmt auch den ein oder
anderen schönen Gedanken haben ☺
War heute a bissle stressig bei mir. Bin um 14:00
Uhr aus dem Bett gefallen, bin aber auch erst
gegen 9:00 eingeschlafen. Ich les immer noch
ein paar Kapitel in meinem Buch und dann
geht es meistens. Bin dann gleich unter die
Dusche, hab mir nen schnellen Kaffee gegönnt
und bin dann mit meinem Sohn zu meiner
Mutter. Die hat auf uns im Schrebergärtle
gewartet. Ausgestiegen, Autos getauscht und
dann los zum Mercedeshändler. Da arbeitet ein
alter Freund von mir und mit dem hab ich mich
noch verquatscht während der Spiegel
repariert wurde. Er hat mir dann auch gleich
mein nächstes Auto gezeigt - SL63AMG V8
Biturbo *sabber* für schlappe 214.000€
Mahlzeit.
Dann wieder zurück in den Garten und
stundenlang Äpfel geerntet. Die ganzen Äpfel
zu meiner Mutter in den Keller gebracht, dann
schnell heim, was gegessen, 5 Minuten aufs
Sofa und dann ins Geschäft.

Musst du das mit dem Spiegel selber regeln?
Ich dachte er ist so ein Autonarr?!
Wie es mir in Stuttgart geht? Ich vermisse dich
wie sau, so geht es mir! Ich muss ständig an
unser Treffen am Rotenberg denken und an
den ersten Augenblick als ich dich gesehen
habe. Schön! Kann dir gar nicht sagen wie sehr
ich unserem Wiedersehen entgegen fiebere!!!
Bin mal gespannt, wie ich reagiere, wenn du
dann plötzlich vor mir stehst. Wird ganz schön
schwer werden meine Gefühle nicht so offen zu
zeigen.
So jetzt muss ich noch zur Schichtübergabe und
dann bereite ich mich auf den Heimweg vor -
auf dem du mich hoffentlich anrufst ;-) Oder soll
ich anrufen? Dann schreib mir das in ner Sms.
Umarme und küsse dich.
xx, Stefan

Tag 50 / 880 16:00 Julia an Stefan
Hi Stefan,
ja das mit dem Spiegel – das mach ich lieber
selbst. Dann weiß ich dass es gemacht ist und
dass es gleich gemacht ist. Frei nach dem
Motto selbst ist die Frau.
Weißt Du was ich machen würde, wenn ich
214.000€ zu viel hätte? Ich würde mich frei
kaufen und den ganzen Scheiß hinschmeißen –
mal so frei weg von der Leber gesprochen. An
einem Freitagnachmittag, ohne Alkohol im Blut,

nur mit ein paar LAUF-Glücklichmachern. Ich werd ja noch fantasieren dürfen, oder?
Der Morgen heute war äußerst effektiv, kurz gearbeitet, dann kurz shoppen gewesen – alles bekommen was ich wollte und noch ein bisschen mehr ;-) Jeans, Wanderführer, Geburtstagsgeschenkle für meine Freundin und ein bisschen was in weiß, ein bisschen was in schwarz und ein bisschen was in einem wunderschönen eisblau – mein persönlicher Favorit.
Du, ich hab ne schlechte Nachricht – ich hab keine Knöpfe gefunden bei mir, nur ganz viel weiche Haut, noch leicht gebräunt, die sich furchtbar nach dir sehnt. Hoffe du liest das nicht im Beisein deiner Kinder und bekommst rote Ohren Herr XXX!
Vielleicht bis später
Julia ;-)

Tag 51 / 880 5:35 Stefan an Julia
Guten Morgen du Schlafwandlerin, bist ausgeschlafen?
Aha, was schwarzes, was weißes und was eisblaues. Was kann das sein? Die Wäscheabteilung hast du ja links liegen gelassen.
Wohin geht es denn zum wandern?
Ich hab heute meine bestellte Lederjacke bekommen. Die sieht ziemlich geil aus, eigentlich hätte ich sie gerne ein wenig heller.

Vielleicht schick ich dir ja am Wochenende mal ein Bild und dann kannst du mir deine Meinung sagen.

Ja mit 214.000€ wäre man so manche Sorge los und Träumen ist immer erlaubt!

Hm, ich glaub deine weiche Haut ist mir lieber als Knöpfe ;-) was ich damit alles anstellen könnte...

Jetzt verabschiede ich mich ins Wochenende. Und bin dann noch weiter von dir entfernt als jetzt schon. Wir können ja nur eingeschränkt smsen und gar nicht telefonieren ☹ Was würde ich darum geben wenigstens mal ein Wochenende nur mit dir zu verbringen.

Träumen ist ja erlaubt! Ich würde das ganze Wochenende deine weiche Haut streicheln und nach versteckten Knöpfen suchen, von denen du nicht einmal etwas weißt ;-)

Ich umarme dich in Gedanken ganz fest. Vermisse dich unendlich!!!

xx, Stefan

P.S.: Bin ab Sonntag ab 20 Uhr wieder im Geschäft und komischerweise freu ich mich drauf ;-)

Tag 51 / 880 9:34 Julia an Stefan
Hallo Stefan,
ich muss dich leider enttäuschen! Ich bin mitten durch die Wäscheabteilung, aber das hast du eh schon gewusst, oder?

Von unserem ersten Date fehlen mir ganz viel Sachen. Ich weiß zwar über was wir gesprochen haben, aber manche Details sind verloren gegangen. Oder von was anderem überlagert.

Eigentlich bin ich ein ziemlicher Schlafmensch und die zehn Stunden Schlaf haben mir echt gut getan. Bin heute erst um 6:47 wach geworden, ein bisschen zu spät.

Lederjacke - lass sehen!

Die blöde Sim-Karte ist immer noch nicht da. Mittwoch kam die Versandbestätigung – so ein Käse – da merkt man manchmal, dass wir echt auf dem Land leben. Na ja vielleicht ist sie heute dann ja in der Post.

Nein, bei uns hat es nicht geregnet, es war absolutes Traumwetter, wir waren bei Freunden zum Grillen. Stell dir mal vor, meine Freundin hat über meine String gelästert – kannst du dir das vorstellen? Nur kein Neid Leute!

Ist das bei dir manchmal auch so? Manchmal da gibt es Tage an denen ich mit mir/mit uns im Reinen bin, da ist alles gut. So wie heute Morgen. Und dann gibt es Tage, da macht es mich einfach fertig. Wenn ich dann in den Wald zum laufen geh dann kann ich mich wieder sortieren und mir sagen, das ist so! Akzeptier es ihn aus der Ferne zu lieben. Ups - das war jetzt so was wie ne Liebeserklärung – ist mir einfach so raus gerutscht ☺ sorry !

Julia

Schon Tag 30

Ich habe mir was vorgenommen und es kostet mich Überwindung. Trotzdem tue ich es. Jetzt.

Tag 789 und Tag 880 / 880 - Chat:

S: Guten Morgen mein Schatz – hast Du ausgeschlafen? XX 8:34
J: Guten Morgen mein Liebling, ja hab ich – um 7:00 war ich wach. Du auch? 9:15
J: XX 9:15
J: Was machst Du heute? 9:16
S: Ich hab aufgehört. Ich muss dringend Getränke holen und heute Mittag nach Stuttgart mein Abo verlängern lassen. Und Du? 9:37
J: Ich versuche heim zu fahren und ich muss mit dir telefonieren… 9:42
S: Fahr bitte vorsichtig mein Schatz. Telefonieren ist schwer 11:02
J: Mach ich 11:03
J: Bist Du den ganzen Tag mit den Kindern und ihr unterwegs? 11:03
J: Oder magst Du nicht mit mir sprechen? 11:07
S: Ersteres. Natürlich mag ich mit dir sprechen 12:10
S: Ich schulde dir noch ein Bild 12:17
J: ? 12:17

S: (Bild von deiner neuen Uhr) Ganz schön groß 12:17

J: Sieht echt gut aus 13:00

J: Das ist echt schade, dass du keine Zeit für mich hast. Ich bin traurig deswegen. Nur kommst du so nicht durch, 2014 schuldest du mir noch ein Telefonat Herr XXX – Des geht so gar nicht ;-) 13:02

J: Ich wollte dich was fragen – jetzt tu ich es einfach so – mein Schatz – sag mir – geht es dir da drinnen richtig gut? Genießt du die Tage und hast du das Gefühl am richten Ort zu sein? Das möchte ich bitte wissen. Sorry - jetzt waren es drei Fragen 13:04

J: Bist Du glücklich 13:05

J: Ich lieb Dich 13:09

J: Und mein Schatz – ich brauch keine schöne Antwort oder eine die mir gefällt. Ich möchte einfach wissen wie es dir geht. Dir mein Schatz. Weil du mir wichtig bist 16:13

J: Magst mir nicht mehr antworten? Ich bin zu hause. Bis dann 17:24

J: Warum sagst du nichts? Hab ich keine ehrliche Antwort verdient Stefan? 18:47

J: Was ist an diesen Fragen so schlimm, dass du mir nicht mehr antwortest? 18:57

J: Du hast am Wochenende wieder mit ihr geschlafen – stimmt's? 18:58

S: Nein, stimmt nicht 19:05

J: Das reicht mir so nicht 19:06

J: Was hast du heut Mittag gemacht so lange? 19:06

S: Waren in Stuttgart 19:07

J: Und? 19:07

J: Stefan, ich köpf dich gleich 19:07

J: Wo ist das Problem, dass du daraus ein Geheimnis machst? 19:08

S: Mein süßer Schatz, ich liebe dich! 19:08

S: Aber ich weiß nicht ob ich es jemals schaffen werde zu gehen 19:08

J: Warum? 19:08

J: Was ist passiert? 19:08

S: Meine Familie, meine Kinder brauchen mich! 19:09

J: Stefan, verdammt 19:09

J: Verdammt, was ist passiert? 19:09

S: Was nichts damit zu tun hat, dass ich dich liebe und vermisse 19:09

J: Ich spür doch das da was ist 19:09

J: Sie braucht dich nicht 19:10

J: Deine Kinder vielleicht 19:10

J: Bist du glücklich 19:10

J: Bist du glücklich 19:10

J: Bist du glücklich 19:10

J: Bist du glücklich 19:10

J: Bist du glücklich 19:10

S: Einerseits schon. Ich genieße die Zeit mit meinen Kindern! 19:11

J: Andererseits? 19:11

S: Vermisse ich dich 19:11

J: Bist du am richtigen Platz und Ort heute? 19:11

J: Ist es das was du leben willst? 19:12

J: kKmm....ehrlich 19:12

S: Ich weiß es nicht 19:12

J: Oder hat der Stefan XXX auch was zu melden? 19:12

J: Und ein Recht zu fühlen? 19:13

S: Vielleicht ist es das Leben und der Platz, das ich gerade will. 19:13

J: Ja sieht so aus 19:13

J: Trägst du deinen Ring wieder? 19:14

S: Nein, und das ist auch nicht der Punkt. Was tut das zur Sache? 19:14

J: Trägt sie ihren Ring wieder? 19:15

J: Und jetzt will ich es noch mal wissen und ich bitte dich sei ehrlich. Ehre das was du liebst mit Ehrlichkeit 19:16

S: Ich muss aufhören mein Schatz. Tut mir leid. Ich melde mich sobald ich kann. 19:16

J: Hattest Du seit den Ferien Sex mit ihr? 19:16

J: Bist du nicht ehrlich beschmutzt du alles was du liebst. Mich. Unsere Liebe. Die Liebe zu deinen Kindern. Schwör es mir bei dieser Liebe, dass die Antwort ehrlich ist 19:20

S: Ja, hatten wir. Verdammt es tut mir so leid 20:09

J: Wann, wie oft 20:09

J: So Stefan, jetzt bekomm ich diese Antwort. Du hättest mir antworten sollen Stefan. Ab jetzt übernimmst du für dein Verhalten die Verantwortung. 20:14

S: Letzte Woche. Einmal 8:14

J: Wann und warum? 8:14

J: 2.Frage – gab es in der Zeit in der wir zusammen waren noch andere Frauen mit denen du ungeschützt geschlafen hast? Muss ich einen Aidstest machen? 8:15

S: Nein, das gab es nicht! Das schwör ich dir!

J: Und warum? 8:52

S: Es ist einfach passiert 8:53

J: Stefan es ist vorbei 8:54

J: Schick mir meinen Schlüssel oder wirf ihn mir ein 8:54

S: Was hast Du gemacht? 12:29

J: Ich hab mir jetzt einfach mal ein gutes Beispiel an dir genommen und ganz egoistisch das gemacht wozu ich Lust hatte. Nämlich dir den Arsch aufzureißen mein Schatz. Hätte ich das mal vor nem halben Jahr gemacht – hätte ich viele Tränen nicht weinen müssen. Und weißt du was mein Schatz? Jetzt ist das passiert was ich dir immer gesagt habe. Sich nicht nicht entscheiden geht nicht. Du hast eine sehr eigene Auffassung von Liebe und die darfst du jetzt voll leben. Zu deinem Verhängnis ist heute geworden, dass du mich ständig verarscht. Das hättest du nicht tun sollen. Einmal seit den Ferien Sex – ja genau. Alle Affären gebeichtet - ja genau. Stefan mein Schatz, du findest bestimmt ne andere zum vögeln. Sei nicht traurig. Ich hoffe deine Frau scheuert dir heute auch eine. 13:48

S: Melde dich nie wieder bei mir....und lass dich nie wieder blicken 15:02

Ja, das geht direkt in den Magen, die Wunde ist immer noch da. Es hat wehgetan. Und es tut weh. Und ich vermisse dich jetzt gerade. Ich vermisse nicht die Lebensumstände, die wir im letzten halben Jahr hatten. Du fehlst mir. Ich würde gerne mit dir reden. Obwohl ich nicht wüsste über was ich mit dir noch reden kann. Wie geht es dir? Würdest du dich öffnen können und mir erzählen können? Wir sind immer noch verbunden und das wird auch so bleiben. Wir können nur Frieden machen. Ich liebe dich!

Tag 32

An diesem Tag heute will anders geschrieben werden. Du bist wieder mehr da. Viel näher. Und es sind Zukunftsgedanken, Zukunftsaugenblicke. Woher kommen die? Voller Zuversicht. Voller Ruhe. Voller Frieden. Voller Gefühl. Ich träume wieder viel von dir. Und ich fühle mich dir so nah. Irgendetwas hat sich verändert, hat gedreht.
Es fühlt sich gut an. Ganz anders wie jemals zuvor. Sind das verstrahlte Gedanken!? Früher hätte ich gesagt klammer dich nicht an irgendwelche Hoffnungen. Heute lass ich es einfach so wie es ist. Brauch keine Deutung mehr.

Es ist dunkel geworden. Ich schaue auf dunkle Häuser. Nur die Lichter der Straßenlaternen. Es hat angefangen zu schneien. Ich bin allein. Das erste Mal seit vielen Tagen. Vor mir liegt ein Wochenende auf das ich mich freue. Kerzen überall. Gregor erzählt mir seine wunderschönen Geschichten. Ich mag seine Musik. Ich freue mich sehr, dass ich ihn Anfang Mai live erlebe. Ein glücklicher Augenblick.

Erstaunlicherweise brauch ich immer Anlauf um zu schreiben und dieses Buch zu öffnen. Wenn ich es dann tue geht es mir gut. Ich erlebe Glück.

Ich habe eine Ahnung bekommen. Ich habe mich schon einige Male gefragt, was es damit auf sich hat, dass immer wieder „"Stefans" mein Leben streifen und sie ganz extrem mein Herz berühren. Mir so unter die Haut gehen, wie niemand anders. Und sie sind immer mit Metallica verlinkt. Irgendwann hab ich dir mal halb ernst, halb im Spaß geschrieben, wenn wieder ein Metallica-Stefan mein Leben streift, fange ich an zu rennen, suche schreiend das Weite. Mittlerweile freue ich mich auf diesen Augenblick. Denn dann weiß ich, dass wieder etwas ganz besonders passiert, something magic. Das weiß ich jetzt aus Erfahrung ☺, dass es da eine besondere Verbindung gibt. Woher diese auch immer kommen mag. Es ist wie es ist. So nah, egal wie weit entfernt oder getrennt, mehr und tiefer vom Herzen gibt es nicht. Es ist ganz einfach!

Der erste Stefan mit einem kurzen Nachnamen aus Nürtingen hat mir dieses Lied gewidmet. Wir haben uns blind verstanden. Das war etwas ganz besonderes. Ich wünsche Dir so viel Glück. Schön, wenn wir uns irgendwann sehen.

Der zweite Stefan mit einem noch kürzen Nachnamen aus einem Vorort Stuttgarts bekam dieses Lied von mir. Ich hätte mich so in dich verlieben können.

Der dritte Stefan mit einem kurzen Nachnamen aus Stuttgart. Das bist du. Du hast es mir gewidmet und mich mitten ins Herz getroffen. Wenn es schon vorbei wäre, wäre ich nicht mehr allein. Ich liebe dich auf Distanz. Und weil es noch nicht vorbei ist, ist der Schlüssel auch nicht da. Der Schlüssel zu deinem Herz und deinen Gefühlen. Er öffnet dir die Tür in eine andere Welt. Die anders ist als die, die Du kennst. Das bin ich. Das sind wir.

Tag 51 / 880 20:03 Stefan an Julia
Hallo mein Schatz,
na was meinst du? Ok, das T-Shirt passt jetzt net sooo gut. Wie geht's dir? Was hast Du heute gemacht?
1003 Küsse

xx, Stefan
von meinem Iphone gesendet
(Du schickst mir ein Bild – Stefan mit Lederjacke)

Tag 53 / 880 4:32 Stefan an Julia
Guten Morgen mein Murmeltier,
bist du mir gestern einfach weggepennt *tztzt*
Aber nachdem du geschrieben hast, dass du
schon im Bett liegst, hab ich mir so was schon
gedacht. Ich hab es jetzt zum Glück bald
geschafft. Der Sonntag ist wirklich kein Spaß. Ich
will nur noch ins Bett und schlafen, schlafen,
schlafen!
Am Samstag war noch Fahrrad reparieren
angesagt. Wenn ich etwas hasse, dann ist an
einem Fahrrad rumfummeln *argh* aber
Sicherheit für's Kind geht nun mal vor!
Ansonsten war nicht viel gebacken. Ich war
noch schnell beim Manager und hab ne
Halbzeit Fußball geschaut und nen Bier
getrunken. Das war es dann. Der Manager
wusste übrigens noch gar nicht, dass du mit ins
Stadion gehst. Typisch Autoverkäufer. Hab ihm
extra Bescheid gesagt, dass er dem Manager
Bescheid sagen soll. Na ja, er freut sich
jedenfalls auch schon auf dich. Allerdings nicht
so sehr wie ich!
So jetzt zu den wichtigen Themen ☺ Was hast
du denn für Unterwäsche gekauft? Beschreib
mal oder noch besser, mach Fotos *fg* Aber

nachdem du die Modenschau abgelehnt hast, kann ich das wohl knicken ☺!

Warum haben die denn über deinen String gelästert? Ham se die noch alle? Denen hätte ich aber mal den Marsch geblasen, wenn ich dabei gewesen wäre ☺!

Mir geht's bezüglich uns auch so wie dir. Manchmal halt ich es vor Sehnsucht kaum noch aus (eigentlich immer) und würde mich am liebsten ins Auto setzen und zu dir fahren. Komm mir manchmal auch vor wie ein verliebter Teenager vor. Schön!

Und dann mach ich mir wieder Gedanken, wie das mit uns weitergeht, wo das endet. Aber ich genieße einfach jeden Augenblick mit dir, jede Sms, jede Mail, jedes gesprochene Wort. Und ich freu mich so wahnsinnig auf unser Wiedersehen!!! Mann, wenn das doch nur nächstes Wochenende klappen würde. Könnte höchstens Freitagnacht schwänzen. Aber was machen wir dann die ganze Nacht? Und um 6:30 muss ich dann wieder zu hause sein. Hast Du ne Idee? Weiß auch nicht ob das deine Freundin so toll findet?!

So, jetzt bin ich mal gespannt, ob du heute wieder so früh wach bist und dich noch bei mir meldest, bevor ich ins Bett gehe - würde mich freuen!

Küsse und umarme dich ganz zärtlich
xx, Stefan

Tag 53 / 880 6:39 Julia an Stefan

Gestern Abend hast du mich gefragt, warum
ich traurig bin – weil du so unerreichbar bist.
Weil es manchmal Augenblicke gibt, da könnt
ich hier austicken, schreien, weglaufen und ich
glaub es ist nicht gut, wenn ich dir damit
komme. Oder ich will es nicht. Ich will meinen
Müll nicht bei dir abladen. Das ist nicht gut
Nein, du bekommst keine Fotos – richtig! Das
musst du dir schon selbst anschauen.
Na ja, ihnen ist mein String aufgefallen, als ich
was aufgehoben hab und dann gingen die
Sprüche los. Ich glaub meine Freundin trägt so
was einfach nicht. Und du weißt ja wie Mädels
manchmal sind …
Ich glaube nicht, dass das am Wochenende
ein Problem gibt. Wir haben Einzelzimmer. Ich
frag sie einfach heute Abend mal.
Das ist keine ernsthafte Frage oder? Was wir die
ganze Nacht machen? Rein rhetorisch. Das
wovon wir seit 5 bald 6 Wochen träumen.
Wonach wir uns sehnen. Zusammen sein zu
können, uns ineinander versenken, in Worten, in
Blicken, in Küssen, in Berührungen. Uns das
sagen, über das sprechen, was per Mail
einfach nicht geht, uns besser kennen lernen
und endlich unsere Träume leben – wenn auch
nur für eine Nacht.
Die Gedanken, die du dir machst, hab ich so
oft. Manchmal einfach genießen, nicht drüber
nachdenken was kommt. Aber geht das bei
dir? Bei mir nicht immer (kuller – toll – und das
um 6:27), weil egal welchen Weg meine

Gedanken einschlagen, er ist nie leicht und unbeschwert. Irgendjemandem tut er immer weh. Im wenigsten schlimmen Fall nur mir. Aber soll ich mir das wünschen? Blödes Thema, viel zu schwer, viel zu kompliziert.

Meistens schreib ich dir doch was mich beschäftigt – ich hoffe du kommst damit klar. Du Mann in der Ferne, schlaf gut, nimm mich mit in deine Träume, halt mich fest und lass mich nicht so schnell gehen

Julia

Tag 54 / 880 3:25 Stefan an Julia

Guten Morgen mein Schatz,

sorry, war gestern kurzfristig voll im Stress und konnte dir nicht mehr schreiben.

Ja, das war ein JA. Habe es mal gegoogelt - ist ne Stunde Fahrzeit. Das liegt ja tatsächlich am A der Welt. Werde dann aber erst so gegen 22:00 Uhr dort sein können - nicht dass du da schon schläfst *g* und gegen 5:00 muss ich mich dann auf den Heimweg machen. Bist du dann am nächsten Tag fit zum wandern? Ich check das noch mit meinen Kollegen.

Jetzt zu meinen Leiden: Habe seit ein paar Tagen Schmerzen in verschiedenen Gelenken. Erst waren es nur die Handgelenke, jetzt kommen die Ellenboden und die Sprunggelenke dazu. Was kann das sein? Werde mir mal Termin beim Doc holen. Bin auch einfach nicht fit. Heute hab ich bis 16:00

geschlafen und fühl mich trotzdem schlapp.
Hab ja jetzt dann drei Wochen Frühschicht, mal
sehen ob es dann besser wird. Oder ich brauch
3 Wochen Kur am Bodensee. *fg* Ich kenn da
einen Ort der soll sehr erholsam sein ☺
Bei uns ist heute die Hölle los, ich muss weiter.
Kann es kaum noch erwarten bis endlich
Freitag ist!!!
1001 Küsse
xx, Stefan

Tag 55 / 880 04:44 Stefan an Julia
Guten Morgen mein Schatz,
hast Du gut geschlafen? Oh Mann, ich freu
mich sooo auf Freitag! Dich endlich wieder
sehen, in den Arm nehmen, küssen, streicheln,
gestreichelt werden. Der Rest fällt unter den
Jugendschutz.
Das mit dem Autoverkäufer geht mir jetzt schon
wieder tierisch auf den Senkel. Jetzt hat mir
seine Frau eine E-Mail geschickt mit dem Text
Betreff "Fußball" ´Weiß sie eigentlich wer da
mitgeht? Na super. Bin mal gespannt, ob sie es
ihr jetzt steckt und was dann passiert. Aber
eigentlich weiß ja niemand, dass wir Kontakt
haben. Von dem her ist alles gut. Ich versteh
nicht warum er seiner Frau das komplette
Programm erzählt hat? Es hätte doch gereicht,
wenn er ihr gesagt hätte, dass wir dich am See
kennen gelernt haben und er sich mit dir auf
einen Kaffee getroffen hat. Oder sehe ich das

falsch? Dann wäre das mit dem Fußball gar kein Problem gewesen. Und anscheinend hat seine Frau gleich noch ne Sms an den Manager geschrieben, ob er im Bilde ist. Jetzt hat der bestimmt die Hosen gestrichen voll und ich kann schauen wem ich die 4.Karte gebe. Am liebsten wäre mir natürlich, wenn du trotzdem kommst. Im Normalfall erfährt das doch keiner?! Außer der Autoverkäufer verplappert sich wieder. *grrr* Manchmal hat man es nicht leicht mit seinen Nachbarn.

Oh Mann, heute fühl ich mich extrem bescheiden, könnte beim Schreiben gerade einschlafen. Mein Youngster meinte gestern es sei eine gute Idee um 13:00 nach seinem Papa zu schauen. Da hat er Glück gehabt, dass ich Kinder nicht schlag, aber sauer war ich ganz schön! Er hat einen Schlüssel und er soll dienstags einfach leise in sein Zimmer gehen und Hausis machen. Da hat er wohl das Zimmer verwechselt.

Darf eigentlich nicht jammern, hab grad mit nem Kollegen ne Flasche Rotwein und nen Flachmann vernichtet *g* aber du hast gesagt ich soll mehr Rotwein trinken *hicks*

Welche Farbe ziehst du am Freitag drunter an? *fg*

Hab mich heute extra rasiert. Alles schön glatt. So mein Schatz, ich wünsch dir einen schönen Tag und denk mal an mich!!!

xx, Stefan

Tag 55 / 880 6:38 Julia an Stefan
Hey Stefan,
Rotwein und Flachmann – hey, du musst noch
Auto fahren - tststs.
Tief und fest hab ich geschlafen und mit 2
Decken, Wollsocken, Heizkissen und Fliessjacke
– mir war sooo kalt. Und jetzt bin ich sooo
müde, heute muss ich glaub mal wieder richtig
früh ins Bett, sonst fall ich am Freitag um.
Was soll ich zum Autoverkäufer sagen? Dumm
gelaufen für ihn. Das mit dem Fußball hätte
nicht sein müssen, aber ist halt so. Von mir weiß
er Gott sei Dank gar nichts, von uns. Bin ich froh.
Ich versteh schon, dass er jetzt am Rad dreht
und seine Ehe gefährdet sieht. Die Ursache bin
nicht ich, das Problem von den Zweien liegt
woanders. Was sagst du ihr, wenn sie dich drauf
anspricht? Oh, hoffentlich weiß seine Frau da
was sie tut. Das war wohl eure letzte
gemeinsame Radtour ☹
Gestern hab ich es gar nicht richtig kapiert.
Aber er hat sich noch ne extra prepaid-Karte
geholt um mich anrufen zu können. Er macht ja
schon wieder dort weiter wo er aufgehört hat.
Wenn das wieder raus kommt, würde ich ihm
wahrscheinlich auch nicht glauben.
Klar würde ich gerne mit, aber wenn die Jungs
dann die ganze Zeit schlecht drauf sind, ich
weiß nicht …
Da muss ich jetzt echt grinsen – soso, rasiert,
alles glatt - da verschluck ich mich ja fast am
Kaffee. Das hatte ich ja noch nie! Würde ich

vielleicht auch gerne tun …! Was ich anziehe?
Keine Ahnung? Nichts?!
Jetzt muss ich dich mal ein wenig ablenken und
ein dich ein paar Sachen fragen:
Wie trinkst du deinen Kaffee?
Sag mal, ist dir so was schon mal passiert oder
ist das jetzt zu indiskret?
Was machen deine Gelenke?
Wie geht es dir wenn du die Tabelle der
1.Bundesliga siehst?
Den Rest frag ich dich am Freitag. Oh mein
Gott, nur noch 2x schlafen. Ich verdräng es
immer noch. Ich zweifele nicht dran, freu mich
und brems mich immer noch ein bisschen
wegen der vielen Wenns.
Schlaf gut, hab einen ruhigen Tag und halt dein
Handy sauber ☺
Ju

Tag 57 / 880 Stefan an Julia
Guten Morgen Julia,
es würde mich ja schon brennend interessieren,
was bei dir gestern los war! Wenn du müde
warst, dann hättest du mir das einfach sagen
können und ich hätte dir ne gute Nacht
gewünscht. Hab mir echt Sorgen gemacht.
Noch hält die Frau des Autoverkäufers still.
Wenn ich angesprochen werde, erzähl ich ihr
wie es war. Wir haben euch auf dem Fest
kennen gelernt und der Autoverkäufer hat mit
dir den Kontakt gehalten, warum weiß ich

nicht. Und dann hat er mich drauf angesprochen, dass du gern mit zum Fußball willst. Fertig. Anschließend hol ich dann seiner Frau den Rost runter, dass es sich gewaschen hat.

Hatte gestern das Vergnügen den Autoverkäufer allein auf der Straße zu treffen. Er hat sich ca.100.000 Mal entschuldigt und gemeint, dass er auch nicht zum Fußball mitgeht. Hallo?! Was ist denn da ausgebrochen? Ich hab ihn dann gefragt, warum er gleich alles erzählt hat. Er konnte mir aber keine plausible Antwort geben. Mann, der macht mich echt fertig.

Themawechsel:

Meinen Kaffee trink ich mit viel Milch und zwei Stück Zucker. Hab mich schon von 4 Stück runtergearbeitet zwecks Bäuchlein.

Nein, so was wie mit dir ist mir noch nicht passiert. Ich bin so gespannt auf heute Nacht, wenn wir uns endlich wieder sehen. Wie das wohl sein wird, wenn ich dich endlich sehe? Ist dir so was schon mal passiert?

Meine Gelenke werden ganz langsam besser, aber nicht wirklich gut. Wenn ich was Schweres hebe oder ne schnelle Bewegung mache, dann fährt es mir ordentlich rein. Muss da dringend danach schauen lassen.

Wenn ich die Tabelle sehe, dann bekomm ich das kalte Grausen. So was bringt mich auf die Palme. *grrr* Da bin ich unausstehlich.

So, ich wünsch dir einen schönen Tag und eine gute Fahrt. Wann fahrt ihr los?

Nicht mehr lange, dann kann ich dich endlich in den Arm nehmen *freufreufreu*
xx, Stefan

Tag 60 / 880 15:49 Julia an Stefan
Hallo,
eigentlich ist dieses Thema auch besser, wenn frau ein bisschen Alkohol getrunken hat, aber darf ich ja eh nicht.
Also, wo fang ich an: Ich glaub es gibt einen großen Unterschied zwischen Mann und Frau: Mann kann ganz klar sagen wann er seinen Orgasmus hat. Frau nicht. Verschieden Möglichkeiten. Es kann wie eine Welle sein, die langsam kommt und immer mächtiger wird. Dann kommt es wie ein großer Schauer. Dann wird jede Berührung zu viel, dann einfach innehalten und in den Arm nehmen und halten. Es kann so überwältigend sein, dass auf einmal Tränen anfangen zu kullern. Aber das hab ich bisher nur einmal erlebt.
Und dann kann es ein stetiges Wohlfühlen sein, das immer schöner wird. Frau denkt sie ist im Himmel und sie wünscht sich, dass es nie wieder aufhört. Es hat keinen Anfang und kein Ende. Natürlich wäre es wunderschön gewesen mit dir zu schlafen, aber auch so war es eine wunderschöne Nacht mit DIR. Ich habe mich schon lange nicht mehr so wohl und begehrt gefühlt. Alles war gut.
Ju

Gerade kommt deine Nachricht, gehen die zwei jetzt überhaupt mit? Wenn nicht lass uns alleine gehen.
Dass ich traurig bin brauch ich dir nicht schreiben – was meinst du mit bald sehen? Das hängt von dir ab.

Tag 61 / 880 5:38 Stefan an Julia
Guten Morgen mein Schatz,
wie geht es dir heute? Was machen die Schmerzen?
Nochmals vielen Dank für die Nachhilfe. So was können Männer immer gut gebrauchen. Ich wollte DIR auch nochmals sagen, wie wunderschön ich die Nacht mit dir fand. Kann an nichts anderes mehr denken. Es war so schön dich zu spüren, dich ganz nah bei mir zu haben. Dich zu streicheln, zu verwöhnen. Und natürlich auch von dir berührt und verwöhnt zu werden. Und das mit dem Gleitgel war echt ne klasse Idee. Damit hab ich nicht gerechnet. Ich dachte, was packt die denn da hinter meinem Rücken aus? Und dann war das echt der Hammer, wow, das hätte ich gern jede Nacht! Dich hätte ich gern jede Nacht!!!
Es fuchst mich immer noch, dass ich es nicht geschafft habe, dass du kommst. - so was nagt an der Männerehre. Das Andere natürlich auch, vielleicht sogar noch mehr. Aber das wird nachgeholt. Doppelt und dreifach!
Versprochen *schwör*.

Vielleicht war das alles zu viel für mich. Wie du
da standest mit deinem süßen Lächeln, im
super scharfen Rock. Hui. ich dachte ich fall
gleich mal vor dem Hotel in Ohnmacht *g*. Ich
muss mich auch erst daran gewöhnen, dass ich
dir sagen kann, was ich gerne möchte. Das gibt
und gab es bei mir zu hause nicht. Ich hoffe ich
kann da bald über meinen Schatten springen.
Denn eigentlich find ich das sehr geil.
Du warst ja auch ganz glatt *schön*.
So, jetzt muss ich mich mal um die Arbeit
kümmern ☹ hab heute direkt gut geschlafen.
Hab an dich beim einschlafen gedacht und
das hat geholfen. Umarme dich ganz fest mein
Schatz. Du fehlst mir so unendlich!!!
xx, Stefan

Tag 61 / 880 13:42 Julia an Stefan
Hi Stefan,
ja der Oktober ist doof. Gestern nur Hochnebel,
schlechte Stimmung und das Aus für Sonntag
und unser Date. Aber eigentlich wusste ich es ja
schon.
Jetzt will er mit den Kids am Sonntag auf den
Wasen. Tolle Idee. Ich will das nicht. Dann wäre
ich die ganze Zeit nur traurig, weil ich weiß dass
du in der Nähe bist und ich dich doch nicht
sehen kann.
War das erst letzten Freitag, dass wir uns
gesehen haben? Das hast du gut verborgen,

dass du schier in Ohnmacht gefallen bist. Und auch was du über meinen Rock gedacht hast. Ich find das auch sehr anregend, wenn du mir sagst, was du willst und ich es dir auch sagen kann. Ich glaub ich mag so ein kleines bisschen „dirty talk", nicht zu viel, aber so ein wenig. Was soll ich dir noch sagen Liebster? Ich vermisse dich so sehr, dass es weh tut. Will dir nahe sein und erinnere mich voller Sehnsucht an dich. Deinen muskulösen Körper, deine Haut, dein sexy Bauch und deine schönen blauen Augen, wie sie mich mit ganz viel Tiefgang anschauen. Herr XXX ich bin verliebt in dich. Nur damit du es nicht vergisst. Ich tu mich extrem schwer die Balance zu halten.

Tagesform entscheidet. Vielleicht muss ich die Schublade mit dir nicht ganz so weit aufmachen, damit es mir besser geht. Ganz aufmachen kann ich sie dann ja wenn wir uns irgendwann wieder sehen....

Noch was zum Schmunzeln – weißt du was mein Kleiner heute gemacht hat? Ich steh vor dem Spiegel mit meiner neuen engen Jeans. Er schaut, läuft an mir vorbei und klappst mir auf den Po. Ich hab gedacht ich glaub das nicht. Wo wird das wohl enden?

Jetzt ist es besser, konnte dir in Gedanken ein wenig nah sein und freu mich wenn du mir antwortest. Oder ab und zu was aufs Handy schickst. Whatsapp funktioniert meistens besser wie der Rest.

Tausend Küsse – wohin du willst
Ju

Tag 63 / 880 5:42 Stefan an Julia
Guten Morgen meine Süße,
hm, irgendwie fände ich es schön, wenn du am
Sonntag auf dem Wasen bist. Dann weiß ich,
dass du mir ganz nahe bist. Und andererseits ist
es doof, dass wir uns dann nicht sehen können.
Geht ihr jetzt oder nicht? Das mit dem Fußball –
ich könnte immer noch kotzen. Mir kommt es
auch schon vor wie eine Ewigkeit, dass wir uns
gesehen haben. Ich vermisse dich so sehr.
Möchte dich wieder berühren und dich küssen
können. Dirty talk – ich find das glaub ich
ziemlich scharf. Muss mich halt noch dran
gewöhnen und mehr aus mir raus kommen. Ich
hoffen wir sehen uns, wenn du wieder in der
Nähe bist. Aber dann bin ich ja schon 40. Ob
du mich dann noch willst?
Hihi, das mit dem Klaps auf deinen Po find ich
ja klasse. Kann ich ihm nachfühlen, ich hätte
auch drauf gehauen *g*
Schicke dir 1001 kleine und große Küsse
xx, Stefan
P.S.: i l d

Tag 63 / 880 17:53 Stefan an Julia
Ich dachte ich schreib dir mal ne kurze Email
vor acht…. Ich liebe und vermisse dich so
schrecklich!!!

163

xx, Stefan
von meine iphone gesendet

Tag 32 geht langsam und leise zu Ende. Alles unter dem frisch gefallenen Schnee bedeckt. Weiß, rein, unberührt. So wie eine Liebe am Anfang. Federleicht und rein.

"Until we have seen someone's darkness, we don't really know who they are. Until we have forgiven someone's darkness, we don't really know what love is." (Marianne Williamson)

Ich kenne jetzt deine Dunkelheit, ganz verzeihen kann ich dir noch nicht. Bald, Stefan, bald.
Ich danke dir für so vieles. Deine Liebe hat mich zurück ins Leben geholt. Sie hat mich stark gemacht. Und gleichzeitig verletzlich und schwach. Ich danke Dir. i l d

Es ist Tag 33

Tag 67/ 880 11:38 Julia an Stefan
Hi -
Ich nutze die Gunst der Stunde und schreibe dir kurz: Ich hab ungefähr ne halbe Stunde und du

164

beschäftigst mich heute. Du hörst dich zu geknickt an. Wenn ich ehrlich bin, ich bin es auch. Und ich weiß auch woran das liegt. Wir hatten bisher immer den Lichtblick Stadiontermin und unser Date im Schwarzwald. Ist das echt erst 10 Tage her? Das war wohl doch in einem anderen Leben, oder? Und jetzt steht es in den Sternen wann wir uns wieder sehen können. Und das macht es für mich schwierig und so wie du dich anhörst für dich auch.

Ich finde Whatsapp toll, schön so schnell kontakten zu können. Aber so richtig das sagen, was man spürt und was einen beschäftigt, das geht per Mail besser.

Ich hab solche Sehnsucht nach einer Mail von Dir, nach deinen Gedanken, Worten, Gefühlen, an deinem Leben ein wenig teilnehmen können.

Gestern war ein Kacktag. Mittlerweile hab ich richtig Horror vor den Wochenenden, die Nähe, die freie Zeit zum nachdenken, brrr. Erstmal bin ich ausgerissen und laufen gegangen. Aber das weißt Du ja schon.

Hab ich dir schon erzählt, dass ich im Winter wieder das Snowboarden anfangen möchte? Und dass ich einen Tauchschein habe. Tolle Erinnerung, die dritte Dimension. Es gibt rechts, links, vorne, hinten, oben und unten. Die Vielfalt der Fische und Farben. Das Unerwartete was sich hinter einem Felsen zeigen kann. Man weiß nie was man erlebt, sieht, entdeckt. (das ist ja fast wie mit dir ☺). Ich tauche nicht mehr. Ich

hab mich unter Wasser unsicher gefühlt und hatte oft Angst. Lauert da hinter der nächsten Koralle nicht ein Sharky, der Appetit auf mich hat. Dabei ist die Gefahr an Land viel größer – könnt ich fast den Eindruck haben *lächel*.
Mir gehen ein wenig die Themen aus – was willst du wissen? Was interessiert dich? Frag mich was!
Übrigens das heute Morgen war Grönemeyer – halt mich – und du hast es nicht erkannt – gib es zu!
Ich hätte furchtbar gerne mal wieder ne Musikeinlage von Dir! Und noch viel gerner und dringender eine Emaileinlage. Aber da muss ich wohl noch ein wenig warten.
Ist mit dem Autoverkäufer und seiner Frau alles ruhig? Die Kuh vom Eis?
Schlaf nicht ein, halte durch, irgendwann sehen wir uns und dann ist alles wieder gut, ok!!?
XX Ju

Tag 69 / 880 6:14 Stefan an Julia
Guten Morgen Julia,
so jetzt bin ich wieder im Geschäft. Was für ne Umstellung anstatt um 7:30 um 4:10 aufzustehen. *blinzel* Aber da gewöhn ich mich auch wieder dran.
Wie ich sehe warst du auch ganz schön früh wach. Was macht dein Magen? Ist wieder alles in Ordnung? Hätte dich so gerne gesund gepflegt.

Manchmal kann ich es selbst nicht glauben, wie sehr du mir fehlst. Dachte nicht im Traum daran, dass mir so etwas passiert. An den Wochenenden ist es besonders schlimm. Und gerade deswegen bin ich furchtbar durcheinander. Eigentlich läuft in meiner Ehe alles gut,

A.d.A.: *Genau Stefan - Eigentlich)*

den Sex mal ausgenommen. Wir verstehen uns, streiten wenig usw.
Und dann treffe ich dich und verliebe mich Hals über Kopf in dich. Jetzt weiß ich überhaupt nicht mehr wo mir der Kopf steht. Ich möchte ständig in deiner Nähe sein. Dich berühren können, wann ich will. Mit dir reden, lachen, träumen. Mit dir schlafen!
Ich mache mir viele Gedanken über die Zukunft. Was ich eigentlich sonst gar nicht getan habe. Ich dachte ich lass alles auf mich zukommen. Überlege wie es wäre, wenn wir Zwei zusammen wären. Schön!
Aber da tun sich einige Probleme auf. Ich weiß nicht ob ich es jemals übers Herz bringe meine Kinder zu verlassen.

A.d.A.: *Jup - das war von Beginn an dein Thema, dein Glaubensgrundsatz. Von Anfang bis Ende und alles was ich dir dazu gesagt hab, hat dich einfach nicht erreicht. Es gab immer nur „dann verliere ich sie und ihre Liebe. Bin keine guter Vater mehr".*

Für euch Frauen ist diese Entscheidung leichter, die Kids bleiben meist bei euch. Nächste Frage ist, ob du dir vorstellen kannst, wieder ins Schwabenland zu ziehen?

A.d.A.: Oh ja, es war die beste Entscheidung!

Fragen über Fragen und Überlegungen. Ich hoffe du kannst mich ein wenig verstehen?! Genug davon.
Seine Frau hat still gehalten. Der Manager hat das Thema noch mal angesprochen und der Autoverkäufer hat versucht sich aus allem raus zu reden. Hat versucht alles auf mich abzuwälzen. Die Julia wollte eh nur was von mir. Er wäre nur ein guter Freund. Er hätte mit der Julia nichts anfangen wollen. Laberlaberschwadronier. Alles Ablenkungsmanöver. Ich musste dann echt an die frische Luft, sonst hätte es geknallt. Mann o Mann was hab ich für zwei Schisser als Nachbarn?!

A.d.A.: He he he! Das sieht heute aber nicht so aus, als ob du da nicht dazu gehörst. Ehrlich zu sich und in seiner Beziehung ist da keiner. Erzähl mir nicht, dass jemand der 2 bis 3 Mail Adressen hat straight zu hause ist.

Ich war so traurig, dass du nicht dabei warst. Ich konnte nur an dich denken und wie schön

es wäre, wenn du neben mir sitzen würdest.
Aber das holen wir nach. Nur wir zwei!

A.d.A. *Nie passiert* ☹ - *schade*

Ich möchte dich unbedingt bald sehen, wenn
du in der Nähe bist. Ob ich es bis dahin
aushalte weiß ich nicht. Möchte dich vorher
schon sehen. Ich könnte eventuell nächste
Woche mal einen Tag frei nehmen und wir
könnten uns ja in der Mitte treffen und den
Morgen miteinander verbringen. Was meist du?
Wußte gar nicht, dass du nen Tauchschein hast.
Hut ab. Wann warst du das letzte Mal? Hab das
noch nie ausprobiert. Nur ein wenig rum
geschnorchelt.
Hab gestern neue Saiten bekommen und sie
gleich aufgezogen. Jetzt kann ich wieder
richtig loslegen. Das Ding hat sich wie
Katzengejammer angehört *g* Werde dir heute
oder morgen Sanitarium aufnehmen. Das ist
mal ein geiles Lied. Bin gespannt ob es dir
gefällt.
Oh Mann, was wäre ich gerne im Kino dabei
gewesen. Ich hätte dich gerne in deiner engen
Jeans und den Stiefel gesehen Vom Film hätte
ich allerdings nicht viel mitbekommen. Aber
auch das werden wir mal zusammen machen!

A.d.A.: *Steht auch noch aus* ☺

Hab einen schönen Tag mein Schatz. Ich liebe
und vermisse dich unendlich!!!

Tag 70 / 880 10:19 Julia an Stefan
Hey Stefan,
ob die jetzt so leicht zum verdauen ist weiß ich
noch nicht. Eher nein. Aber sie ist ehrlich.
Vielleicht gefällt dir das eine oder andere nicht,
ich hab lange überlegt ob ich sie dir schreiben
soll. Ich habe mir geschworen nichts zu löschen.
Bringt zwar ein gewisses Risiko mit sich, aber
egal. Augen zu und durch. Das kennst du ja
schon.
Also zum Thema Nachbarn. Hacke es einfach
ab. Bitte. Schon vorbei! Und irgendwie hat der
Autoverkäufer ja doch den Nagel auf den Kopf
getroffen, oder?!
Zweites Thema: du/ich- ich/du – puh was für ein
Brocken. Bis ich dich getroffen hab hat mir nicht
wirklich was gefehlt. Ich hatte einen schönen
Sommer, hab mich lebendig gefühlt. Mein
Leben genossen und dann stolperst du
dermaßen betrunken in mein Leben. Schreibst
mir und bringst in mir eine Saite zum klingen, die
so lange verstummt war. Ich habe mir keine
großen Gedanken um meine Zukunft gemacht.
Habe mich arrangiert, es war ok. Mein Mann ist
kein Arschloch, auch wenn ich mich manchmal
furchtbar über ihn aufrege. Das Schlimme ist,
dass ich verstummt bin. Nichts mehr sage und
einfach schlucke. Nur damit es keinen Zoff gibt
und er nicht beleidigt ist. Er ist ein lieber Kerl, hat

das Herz auf dem rechten Fleck. Aber kommt
mich sich selbst null zurecht. Und von dem was
ich an ihm geliebt habe ist herzlich wenig übrig.
Auch noch auf dem Weg zu unserem ersten
Treffen überleg ich, Julia was machst du da?
Was erwartest du? Die Antwort: Einen schönen
Abend, ein paar Stunden für mich. Ich denke
nicht an morgen und dann geht es mir so
ähnlich wie dir. Ich verlieb mich total in dich.
Der Urlaub wird zur Folter. Ich dreh schier durch.
Versuche dich und mein Leben zu trennen.
Mich zu fragen was ich will. Wohin ich will
unabhängig von dir. Stell mir vor wie es wäre,
wenn es dich nicht gibt.
Stand Ferien: Ich gehe, bleibe am See. So
lange mein Dad hier ist und reiße meine Kinder
nicht raus. Ich versuche mein Leben zu ordnen,
finanziell mehr auf eigenen Füßen zu stehen.
Stand jetzt: Klar frage ich mich ob ich
zurückgehen würde. Antwort: Ja, würde ich. Ich
kann es mir vorstellen zurück zu kommen.
Ich wollte nicht wieder mit einem Mann
zusammen leben. Das kann ich schon jetzt so
nicht mehr unterschreiben. Ich kenn dich noch
zu wenig. Hab dich nicht mit deinen Kindern
erlebt und auch nicht mit meinen. Und auch
nicht wie es ist mit dir zusammen aufzuwachen.
Wie es ist etwas mit dir zu unternehmen. Das ist
die Unbekannte in der Gleichung. Ich weiß
nicht ob wir kompatibel sind. Aber es gibt für
mich kein nein.
Es schlagen zwei Herzen in meiner Brust. Bring
ich es übers Herz meine Kinder aus ihrer heilen

171

Welt zu reißen? Darf ich das? Ist der Preis zu hoch?

Ich kann mir nicht vorstellen eine ewige „Geliebte" zu sein. Nur ab und zu ein paar gestohlene Stunden mit dir verbringen. Ich kann es mir auf Dauer auch nicht vorstellen sich nur heimlich zu treffen. Kein Wochenende miteinander verbringen zu können, nicht zusammen in den Urlaub zu fahren. Dafür eigne ich mich nicht. Im Augenblick ist es noch ok.

Ich glaube ich habe es dir schon mal gesagt, dass ich ein Bild von meiner Wohnung im Kopf habe. Und ich weiß, dass du bei mir bist, in meinem Bett.

A.d.A.: Das ist diese Wohnung hier und das Bild hat sich erfüllt. Das letzte mal als du da warst im Dezember ☹. Wie traurig und schön zugleich. Es gibt noch ein Bild und das wird sich auch erfüllen. Wir sind zusammen, du bist bei mir, wenn meine Haare schulterlang sind.

Ich weiß auch, dass wir keine 50 sind, aber mehr weiß ich nicht. Es ist nicht so weit weg Ich finde es so schön, wenn du mir schreibst „das machen wir auch". Wir gehen zusammen zum Fußball, ins Kino etc. das finde ich so schön. Deine Initiative, dass du mich sehen willst. Es formulierst und es wahr machst, tut mir so gut. Mit wird so warm ums Herz. Das gefällt mir mehr wie alles andere. Diese Zuversicht, die deine Worte ausstrahlen. Die Sicherheit, dass es so ist.

Das kenn ich nicht. In den letzten Jahren bin immer ich es, die den Ton angibt, organisiert, plant. Das ist anstrengend. Und ohne Feedback vom Partner. Das macht mich fertig und manchmal komm ich mir vor wie ein Monster, das unmögliches erwartet. Ich bin in einer Rolle, in der ich nicht sein will.
Puh, Herr XXX, mittlerweile ist mir schlecht. Aber ich glaube es ist ganz gut, dass ich mir den ganzen Ballast von der Seele schreibe. Ich weiß nicht wie es weitergeht. Sehe den Weg nicht, noch nicht. Vertraue drauf, dass er mich findet. Und dass wir uns irgendwann finden.
Kann sein, dass einer von uns beiden an den Punkt kommt und sagt STOP – es geht nicht mehr, das macht mich kaputt.

A.d.A.: JA! ICH AN TAG 880

Kann sein, dass du nach dieser Mail sagst – STOP – geht nicht. Kann sein, dass ich an den Punkt komme und sage ich kann nicht mehr. Aber dann die Gewissheit, dass ich dich so sehr liebe und wir uns ein zweites Mal sehen. Und dann zusammen sein werden. Ich hab ganz viel was bleibt. Und das kann mir niemand nehmen. Erinnerst du dich an die Sternschnuppen? Der eine Wunsch ist schon wahr geworden. Wir haben uns gesehen und eine Nacht zusammen gehabt.
Oh Mann, soll ich das jetzt echt abschicken? Bitte lass mich wissen, ob du mit dem was ich schreibe halbwegs klar kommst.

Mit so viel Liebe
Julia

Tag 70 / 880 21:10 Julia an Stefan
Hey,
ich freu mich schon wenn ich was von dir auf die Ohren bekomme. Ich bin sehr gespannt Herr XXX. Hab ein nettes Buch mit Stuttgarter Slang gelesen. Die Mutter der Hauptperson meinte zu ihrer Tochter: Wenn du dir einen Mann suchst muss er Musik und Bücher lieben. Ich glaub der PC hat nen Schuss – da geht ja gar nichts. Das nervt mich ohne Ende, wenn Technik nicht funktioniert. Und Kleinigkeiten dann auf einmal unendlich viel Zeit kosten. Mit Mittwoch weiß ich leider immer noch nichts. Aber morgen früh checke ich das als erstes – großes Indianerehrenwort.
Das letzte Mal tauchen? Ewig her. Ägypten 1997 – so ungefähr.
Ausgeblubbert für heute, zu viel geappt und gesprochen – Akku alle. Aber vielleicht freuen dich die Zeilen trotzdem, wenn du sie morgen früh liest.
XX Ju

Tag 72 / 880 18:31 Stefan an Julia
Hallo mein Schatz,

so jetzt ist er endlich fertig. Song Nr. 2 – ich hoffe er gefällt dir!!! Ich kann leider nicht so lange schreiben, meine Kinder hopfen die ganze Zeit um mich rum.
Nur noch so viel: Ich liebe dich und vermisse dich soooooo sehr. Und ich freue mich wahnsinnig auf Mittwoch!!!
xx, Stefan

Tag 74 / 880 6:26 Julia an Stefan
Hey Stefan,
er gefällt, extrem gut. Vielleicht bin ich ja nicht ganz objektiv – aber kannst du mir das verübeln?
Von wem ist der Song im Original und Titel? Glaub ich sofort, dass dir da beim spielen warm wird.
Nur noch 2 mal. Ich kann heute Mrgen nicht so lange, muss gleich unter die Dusche.
…..
Man kann ganz schön abhängig werden von diesen blöden Handys, oder? Was macht man da? Du hast mir gestern Aend so gefehlt. Allein allein. Allein ist blöd!
2x
Juxx

Tag 75 / 880 16:15 Stefan an Julia
Hallo mein Schatz,

hier jetzt der 3. Song für dich. Wie gesagt leider nicht ganz fertig. Aber das was noch kommt ist so schwer, das bekomm ich so schnell nicht hin. Auch der Anfang ist etwas wild für mich. War schwer in den Rhythmus zu kommen. Das Lied ist natürlich von Metalllica und heißt „Sucide and redemption".

Jetzt ist es nicht mehr lang bis wir uns wieder sehen. Ich freu mich wahnsinnig und bin total aufgeregt. Muss jetzt mit meinem Sohn noch Englisch machen. Der hat echt Defizite. Er freut sich schon wie Bolle drauf ☺ Später noch ins Training und dann zum Manager zum Fußball schauen.

Ist dein Kopfweh besser geworden? Ich hoffe du kannst morgen deinen Gefühlen freien Lauf lassen.

Küsse Dich.

xx, Stefan

Tag 34

Ist der Januar tatsächlich schon vorbei? Das war ein schöner Monat. Reich an Augenblicken, die mich bei mir selbst bleiben lassen.

Schön auch gestern der Ausklang mit meiner Herzensfreundin vom See. Sehr lebendig und farbig. Wir haben uns seit einem halben Jahr nicht gesehen und es war egal. Wir waren uns sofort nah.

Mein Plan hier beim Schreiben richtig Gas zu geben ließ sich nicht umsetzen. Heute will ich erstmal schreiben um mich zu ordnen.

Zunächst von gestern. Herzfreundin Meriem – ich hole dich am Bahnhof ab. Und lerne eine liebe Freundin von dir kennen. Die nächsten 2 Stunden verbringen wir zu viert. Das waren zwei Stunden voller E-motions. Wow. Deine liebe Freundin trifft am Ende dieser zwei Stunden auf ihre Liebe. Sie hat sich vor 7 Jahren von ihm getrennt. Sie sagte, wenn das Schicksal es will führt es sie wieder zusammen. Vor einigen Wochen bestellt sie sich die Liebe zurück. Ist endlich bereit wieder für einen Mann in ihrem Leben. Und dann passiert das unfassbare und zugleich wunder-wunder-schöne. Er findet sie über FB. Sie musste nichts dafür tun. Nichts pushen. Einfach geschehen lassen. Wir begleiten sie zum Bahnhof als sie ihn abholt. Der Junge fliegt ihm in die Arme obwohl er ihn nicht kennt. Es ist nicht sein Vater. In diesem einen Augenblick wird er es. Dann nimmt er sie in die Arme und küsst sie. Meine Herzensfreundin und ich werden stille Beobachter. Wir weinen. Uns laufen die Tränen über die Wangen. Magic. Oh Gott ist das schön. Ein Bild das bleibt: Er in der Mitte. An einer Hand den Jungen, an der anderen seine große Liebe. Familie.

Unsere Wege trennen sich und die nächste Stunde wird für Meriem und mich sehr farbig. Farbiger kann es nicht sein. Wir landen bei

Desigual ☺ Farbiger geht gar nicht. Wir genießen die Atmosphäre des Ladens und geben uns einem kleinen Kaufrausch hin. Die Mitarbeiter dort sind außerordentlich gelassen und freundlich. Eine lange Schlange an der Kasse stresst sie nicht. Sie nehmen sich für jeden Kunden Zeit. Bedienen uns fast liebevoll. So was habe ich noch nie erlebt. Kompliment Desigual Stuggi.

Wir lassen uns vom Tag treiben, gehen eine Kleinigkeit essen. Erzählen uns von den letzten Tagen, Wochen und Monaten. Es gibt so viel zum erzählen und tut so gut. Einfach erzählen und nicht erklären müssen. Ich verstehe sie. Sie versteht mich. Wir sprechen die gleiche Sprache.

Ich erzähle ihr alles von dir Stefan. Auch, dass ich mich so sehr freue, wenn die Magie zurück in mein Leben kommt. Die Zeit reif ist für was Neues. Wieder ein Stefan vor mir steht und mir was von Metallica erzählt. Da bin ich sehr gespannt drauf.

Heute Nacht träume ich von Stefan. Er hat das Nürtinger Gesicht und hat dein Verhalten. Es ist ein schmerzhafter Traum: Ich weine. Ich verliebe mich in diesen gemixelten Stefan und er sich in mich. Er liegt neben mir und ich streichel ihn. Gleichzeitig streichelt ihn eine andere Frau. Ich bin wie gefangen und kann nicht gehen.

Ich spüre zum ersten Mal seit 34 Tagen wieder eine Kette um meine Brust. Gewicht und Schwere. Ich will sie beim Aufwachen abschütteln. Ja, ich weiss schon. Es gibt nur einen Weg gibt mit diesen Gefühlen, die von einer tiefen Verletzung kommen , zu leben. Die Tränen, die da sind, zu weinen. Ja zu sagen zu meinem Schmerz. Zu dem was passiert ist. Es hat einen Grund, dass es mir passiert ist.

Betrüge ich mich selbst, werde ich betrogen.

Bin ich nicht ehrlich zu mir, ist meine Umwelt nicht ehrlich zu mir.

Bin ich nicht in der Liebe mit mir, ist die Liebe nicht mit mir.

Bin ich der Überzeugung, dass ich nicht gleichzeitig Geliebte, Partnerin und Mutter bin, dann ist es so.

Das ist der Grund für mein allein sein.

Heute bin ich so in Gedanken bei dem anderen Stefan aus Nürtingen. Erinnere mich an ihn. Ich werde nie vergessen, dass wir in der Nacht vor dem Valentinstag einen Spaziergang durch den verschneiten Winterwald gemacht haben. Als wir uns verabschieden schenkt er mir eine rote Rose. Das ist in dem Schatzkästchen der

Erinnerungen. Ich weiß, sie kam von Herzen. Mit Liebe.

Ich würde mich sehr freuen dich wieder in meinem Leben zu haben.

Die Geschichte, wie wir uns kennen lernten, mag ich so gern. Ich erzähle sie, weil sie besonders ist. Sie beginnt an unserem ersten Ausbildungstag. Ich sehe dich bereits in Nürtingen auf dem Bahnhof. In Stuttgart denke ich „ man, hat der es eilig, der fängt bestimmt woanders an". Auf dem Schlossplatz auf einer Bank vor unserer Bank sitzt er. Ich trau mich nicht so richtig, laufe zwei Bänke weiter, bin schüchtern. Du stehst auf und kommst zu mir. Als wir eine halbe Stunde später zusammen die Bank betreten gehen wir schon als Paar durch. Wir hatten sofort einen die gleiche Wellenlänge.

Und ich weiß noch als du mich in meiner Wohnung besucht, etwa drei Jahre später. Wir unterhalten uns drei Stunden und dann stehen wir noch mal ne Stunde im Treppenhaus und quatschen weiter. Der Gesprächsstoff geht uns nicht aus. Ein starkes Band, eine starke Anziehung.

In diesem Augenblick streift mich ein Gedanke. Auch du bist mit deiner Jugendliebe zusammen, so wie du mein anderer Stefan.

Du hast diese Tage Geburtstag. Ich wünsche dir so viel Licht und Liebe. Was ist aus deinen Träumen geworden? Take care Stefan aus Nürtingen. Ich denk an dich.

Ich war heute das erste Mal seit langem wieder beim Laufen. Es war schön da draußen in der Natur, erfüllend. Mit der Musik. Ich war voller Zuversicht und Hoffnung. Glücklich. Daheim dreht meine Stimmung. Keine Ahnung was es genau ist. Meine geliebten Kinder kommen bald heim. Die kostbare Zeit geht zu Ende. Das Zusammentreffen mit meinem Ex? Die Pflicht ruft wieder. Es rattert dann in meinem Kopf. Das muss ich tun und das und das. Mein Herz ist schwer.

Ich ziehe den nächsten Schwung Mails aus dem Schuhkarton. Nur noch wenige von dir. Warum bin ich so traurig? Es war schön in unsere Welt abzutauchen, die so reich an Glücksgefühlen war. Und jetzt ist davon fast nichts mehr übrig. Vielleicht ist es das. Das Ende greifbar.

Tag 80 / 880 7:28 Julia an Stefan
Guten Morgen Stefan,
du schläfst bestimmt noch Stunden bevor du das liest. Da bin ich dann schon längst weg. In Bregenz im Kino, mein bester Freund kommt mit und passt auf mich auf. Gestern war ein

wunderschöner Tag, bei euch bestimmt auch. Ich war mit den Kindern und bestem Freund in Scheidegg. Ort mit den meisten Sonnenstunden in Deutschland. Da gibt es einen Baumwipfelpfad, einen tollen Spielplatz und eine noch tollere Aussicht. Das war richtig schön. Wir lagen barfuss im Gras und haben gequatscht. Das Gespräch ist ruhig dahin geplätschert und ich bin ein bisschen zur Ruhe gekommen. Er hat mir von seiner neuen Bekanntschaft erzählt. Einer wunderschönen Russin, alles per Mail. Und er ist gerade dabei sich ein wenig zu verlieben und sich von mir zu ent-lieben. Das finde ich ganz gut. Ich würde es ihm so sehr wünschen, dass er sein Glück findet. Mir geht es ganz ok, es ist alles ein wenig seltsam. Das Gespräch mit ihm war reinigend aber nicht heilend. Besser kann ich es nicht ausdrücken. Wir hatten diese Woche so eine Art Urlaubssituation. Er war viel zu hause und es hat sich alles hoch geschaukelt. Es war unausweichlich. Wir hatten ein ziemlich intensives Gespräch.
Willst Du den Rest wissen? Vielleicht schreib ich es dir mal. Es beschäftigt mich sehr. Ich will das was du und ich haben nicht belasten. Für mich wäre es einfach gut zu wissen, dass du ehrlich zu mir bist. Und mir auch sagst wenn du manches nicht lesen willst oder wie es dir dabei geht.

A.d.A.: Ich erinnere mich an dieses Gespräch. An zwei Sachen. Ich weine neben ihm und er macht keinerlei Anstalten mich in den Arm zu nehmen und mich zu halten. Ich sage ihm, dass wenn wir keine Kinder hätten, ich ihn um eine Auszeit bitten würde. Er verstummt. Und die Reaktion ist, dass er versucht was im Äußeren zu tun. Er baut weiter oder wieder an unserem Haus rum. Sonst Stille. Schweigen. Wir berühren dieses Thema nicht. Wir haben beide Angst vor dem was kommt. Wissen es ist unausweichlich.

So, hier belebt es sich langsam. Hab einen schönen Sonntag. Ich hab heute Morgen von dir geträumt. Es war so schön und gleichzeitig so traurig. Du hast eine andere Frau geheiratet und mich dazu eingeladen. Die Nacht davor und die Nacht danach hast du mit mir verbracht.

A.d.A.: Oh Gott, ich erinnere mich an diesen Traum als ob ich ihn erst gerade geträumt habe..

Herr Freud hätte sicher seine Freude mit mir, oder?
XX Ju

Tag 81 / 880 5:35 Stefan an Julia
Guten Morgen Julia,
hoffe du hast heute nur Gutes von mir geträumt. Was für ne irre Idee - ich heirate ne

Andere *tztzt* wenn dann heirate ich dich und steig dann auch mit dir ins Bett.

Bin heute mal wieder total im Eimer. Wie jeden Montag wenn ich Nachtschicht habe. Wenn du also Rechtschreibfehler findest, darfst du sie behalten.

Am Wochenende war ich mit meinem Sohn im Garten. Hecke schneiden. Und jetzt hab ich Muskelkater in den Armen. Bin nix mehr gewohnt. Gestern haben wir noch eine kleine Radtour gemacht und dann auf der Terrasse in der Sonne geflackt. Ein ganz normales Wochenende also.

Hm, du fragst mich wie es mir geht, wenn du mir so was schreibst? Nicht so besonders. Klar will ich es wissen, weil ich einfach alles von dir wissen will. Andererseits mach ich mir Vorwürfe deswegen. Auch wenn du immer sagst, dass es nichts mit mir zu tun hat. Das kann ich nicht ganz glauben.

A.d.A.: *Gut gebrüllt Löwe)*

Warum darf ich eigentlich keine Fotos von dir machen? Du brauchst dich nun wahrlich nicht zu verstecken!!!

So, jetzt mach ich noch Schichtübergabe und dann nix wie heim ins warme Bettchen und von dir träumen.

1001 große Küsse

xx, Stefan

Tag 91 / 880 01:09 Julia an Stefan
Happy Birthday Stefan!
Willkommen im Klub. Wie oft hast du das heute schon gehört? Bzw. das ist wahrscheinlich der Spruch, den du heute ständig hörst ☺
Ich wünsche dir….
Gesundheit – das braucht man unbedingt ab 40
Fitness – das brauch man auch ab und an
Sternschnuppen – das braucht man damit die Wünsche in Erfüllung gehen
Gute Fußball-Ergebnisse – das braucht man damit die Welt in Ordnung ist
6 Richtige + Zusatzzahl – das kann man immer brauchen
Immer ein kaltes Bier im Kühlschrank – warmes Bier schmeckt einfach nicht so gut
Metallica im Ohr
Ne gute Faltencreme – brauchen Männer das?
Am allermeisten und aus tiefstem Herzen wünsche ich DIR, dass es dir gut geht. Du glücklich bist und dorthin gehst, wohin dich dein Herz trägt.
Tausend Gedanken und Ideen und kaum einer lässt sich verwirklichen. Also was Virtuelles – Your Song von Elton John – nein zu soft. Nothing else matters – wäre geklaut. Also was anderes….hier meine Wahl. Für dich von mir: I'm on fire von Bruce Springsteen. Wenn Du es hörst dann denk an mich. Das war meine Allererste LP – aber das nur am Rande.
Ich bin in Gedanken bei DIR.

Nehm dich in den Arm.
Küsse dich zärtlich – nein – lieber voller
Leidenschaft und Verlangen und flüstere Dir ins
Ohr
ICH LIEBE DICH
ICH VERMISSE DICH
ICH FREU MICH SO AUF DICH
All the best
With lots of love
Julia
P.S.: Schieß dich heute nicht so ab.
Sorry, dass der Song nicht dabei ist, aber ich bin
froh, dass ich dir überhaupt schreiben kann. Der
PC hier funktioniert nur manchmal.

Tag 98 / 880 11:29 Julia an Stefan
Stefan –
Ist dir auch mal wieder nach einer Mail?
Vielleicht an der Zeit. WA ist toll wenn man sich
online unterhalten kann. Aber manchmal ist
das so bruchstückhaft. An der Oberfläche, weil
man eher kurz schreibt.
Hast du ausgeschlafen? Ich hoffe der Re-start
ist ein wenig besser für dich. Bist du mir böse?
Ich habe den Verdacht, dass ich ein wenig/ein
wenig viel für ne beschissene Nacht
verantwortlich bin.
Nimm es mir nicht übel. Ich musste dir das
einmal schreiben dürfen, dass ich pissed war.
Jetzt bin ich es nicht mehr. Ich war eben laufen.
Schick mich das nächste Mal gleich laufen

wenn ich ne blöde Anwandlung habe. Wenn ich die Wahl hab zwischen laufen oder einen „WOB"-Kaffee, bin ich zu 99% beim Laufen. Wenn ich die Wahl hab zwischen laufen oder dir – immer zu 100 % DU!
Ich hab gerade die 8 km gecracked – das find ich ziemlich geil. Die Endorphine sollten ne Weile anhalten ;-)
I'm out, ich bekomme Besuch
xx Ju

Tag 101 / 880 13:53 Julia an Stefan
Manchmal können Skorpione ekelig sein, besonders wenn andere Männer ins Spiel kommen.
….
Dicker Kuss
Ju

Tag 102 / 880 10:55 Stefan an Julia
Ja ☹ wenn Skorpione nicht eingreifen können, wenn sie große, große Sehnsucht haben, wenn sie deine zärtlichen Berührungen vermissen und bei dir sein wollen!!!
xx
Dein ekeliger Skorpion
Von meinem iphone gesendet

Tag 102 / 880 12:08 Julia an Stefan
Lieber Skorpion,
eigentlich habe ich gar keine Zeit meinem
eifersüchtigen Lieblingsskorpion zurück zu
schreiben. Ja, ich glaube so würde ich dich
bezeichnen. Mach dir keinen Kopf, sag dem
Skorpion, dass er seit ich ihn kenne die
Hauptrolle hat und der Kappo nicht mal mehr
Statist ist, sondern Vergangenheit.
Den Rest schreib ich Dir heute Abend, von
gestern, wenn ich hier mit der Pflicht durch bin.
Heute ist so ein Tag, da kann man nur
Sehnsucht haben, nach einer zärtlichen
Umarmung und danach, dass in diesem
Augenblick dann die Zeit anhält
xxx Ju

Tag 104 / 880 13:50 Julia an Stefan
Lieber Stefan,
was ich dir kurz schreiben möchten, sagen
möchte, wissen lassen möchte:
Alles was ich geschrieben und gesagt habe gilt!
Entschuldigen mag ich mich dafür nicht – das
musst du aushalten. Ich muss aushalten, dich
dieses Wochenende wahrscheinlich gar nicht
zu sehen. Ich bin immer noch unendlich traurig,
hab diesen großen Stein im Magen liegen.
Jetzt kann ich auch deine Seite sehen. Ich
würde auch so entscheiden, die Kids zuerst. Du
kannst sie nicht alleine lassen, du sollst sie nicht

alleine lassen. Und ich kann fühlen, dass es dir genauso scheiße geht wie mir. Das konnte ich gestern Abend und Nacht nicht. Obwohl es so hätte sein sollen.

Heute bin ich um vier wach geworden. Ich hab so reell von dir geträumt. Hab geträumt, dass du mir geappt hast, dass wir uns im Dezember sehen und dann war es vorbei mit dem erholsamen Schlaf.

Eins noch und dann lass ich dieses Thema – ich werde wahrscheinlich am Freitag fahren, gegen Abend. Und ich würde mich so freuen, ich würde dich so gerne sehen. Ne Stunde in UT – vor der Arbeit? Nach der Arbeit? Irgendwann? Ich glaub du hast doch ne 6.!? Sei so lieb und antworte mir da drauf, egal wie die Antwort lautet. Wir sehen uns irgendwann – mir fehlt die Muse darüber nachzudenken wann – tu du es bitte.

Love always

Ju

Tag 113 / 880 16:44 Stefan an Julia
Mal wieder ne mail....
Hallo Julia,
so jetzt bin ich ganz allein. Schade, dass du nicht bei mir sein kannst. Ich lieg jetzt gemütlich auf der Couch und kann an dich denken, in aller Ruhe. Wenn da jetzt nicht diese Mail wäre ☺ aber du hast ja Recht, wenn ich schon mal

ein bissle Zeit hab, dann kann ich dir auch schreiben. Und ich mach es gern!!!

Julia, ich fand den Freitag auch wunderschön. Es war schön endlich mit dir zu schlafen, dich ganz zu spüren. Leider kann ich mich noch nicht so wirklich fallen lassen. Ich weiß nicht an was das liegt. Vielleicht die Nerven, vielleicht das schlechte Gewissen oder was weiß ich. Aber ich glaube das wird von mal zu mal besser. Irgendwie bin ich noch schüchtern – blöd.

Ich sehne mich auch wahnsinnig nach dir und deinen Berührungen. Das elektrisiert mich total. Da bekomm ich Gänsehaut und fange das Zittern an.

Und dieser Anblick ganz zum Schluss, als du schon den Rock an hattest und etwas hinten im Wagen gesucht hast. Den werde ich wohl auch nie wieder vergessen *fg*. Wenn wir bzw. ich nicht so unter Zeitdruck gewesen wäre, dann hätte ich dir den Rock hochgeschoben und dich noch mal vernascht. Das war echt ein toller Anblick. Danke dafür!

Hatte schon ewig kein Klassentreffen mehr. Auf dem letzten hab ich meine Frau wieder gesehen und der Rest ist ja Geschichte. Wäre tatsächlich mal wieder an der Zeit. Ist über 20 Jahre her.

Irgendwie bin ich froh, wenn die Woche rum ist. Scheint nicht meine zu sein. Nix will richtig klappen, ich fühl mich nicht so besonders und überhaupt.

Das mit dem Auto gestern hat mich echt zur Weißglut gebracht. Ich glaub wenn du mich nicht abgelenkt hättest, hätte ich den Laden auseinander genommen. Solche Volldeppen. Ich war morgens der Erste, der sein Auto abgegeben hat und habe der Empfangsdame gesagt, dass ich das Auto spätestens um 15:00 Uhr brauche. Was glauben die eigentlich wie lange ich arbeite, wenn die mir das erst um 18:00 geben wollten?? So ein Saftladen. Mir wäre fast die Hutschnur geplatzt. Und das mir, wo ich eigentlich sehr sehr sehr gutmütig bin und keiner Fliege was zu leide tue. Dann ruft meine Mutter ständig bei ihr an und will wissen wo ich bin. Dann ruft sie bei mir an und pflaumt mich an, weil es so lange dauert und meine Mutter sie nervt *arghh*. Als ich dann endlich gegen 18:00 Uhr zu hause war (um 4 morgens hab ich das Haus verlassen) hat sie gleich mal nen blöden Spruch für mich.
.....

Tag 117 / 880 23.43 Julia an Stefan
Hey,
ich weiß so fangen meine Mails oft an, aber das ist schon irgendwo so vertraut und doch unverfänglich.
Auf dem Heimweg hab ich mir überlegt, was ich dir heute überhaupt schreiben soll. So viel hab ich gerade nicht. Also erzähl ich dir einfach ein wenig von meinem Tag.

Hat ganz komisch angefangen: Du glaubst es nicht. Da hat mich so ein komischer Stuttgarter doch tatsächlich aufgeregt. Ich leg mich voll ins Zeug, mach mein Herz ganz weit auf und irgendwie muss in der Whatsapp Leitung die eine oder andere Nachricht von ihm an mich verloren gegangen sein. Anders kann ich mir das einfach nicht erklären☺

Ein ganz normaler Tag mit den Kindern und Haushalt und ner Runde Aquagym am Abend. Danach gehen wir noch was trinken. Alle scheinen nach außen in ihrem Leben mit Kindern, Haushalt, Familie komplett aufzugehen. Aber keine strahlt Zufriedenheit und Lebensfreude aus. Aber vielleicht bin ja nur ich so krass drauf. Und doch denke ich, das kann es doch noch nicht gewesen sein. Ich stell mir mein Leben einfach noch ein bisschen anders vor. Da kommt noch was. Aber davon hab ich dir bestimmt schon mal geschrieben. Jetzt möchte ich dir noch auf deine Mail antworten bzw. dich auch was fragen:

Du kannst mir sagen was dir gefällt. Was du tun möchtest. Ich mag das. Oder ich denke, dass ich das mag, weil es dann in eine Richtung geht, die dir gefällt. Try it!

Warum hast du ein schlechtes Gewissen? Gegenüber deiner Frau oder Familie? Nimmst du ihnen/ihr etwas wenn wir uns treffen? Ich meine es nicht böse oder ironisch. Ich möchte nur wissen, was in dir vorgeht. Dich verstehen. Wie es in dir aussieht. Und so oft haben wir nicht die Zeit uns über so etwas zu unterhalten. Und es ist halt auch ein sensibles Thema, ein schwieriges. Da kann der Schuss auch schnell nach hinten losgehen. Hatten wir auch schon! Ich küsse dich!

…

Oh ich glaub ich schleich wie die Katz um den heißen Brei – Stefan, ich würde dich so gerne im Dezember sehen, ein bisschen Zeit miteinander verbringen. Was meinst du? Trotz aller Weihnachtstermine?

In einer unserer ersten Mails hast du mal geschrieben – Julia, willst du mich sehen, dann sag es einfach. Also fasse ich mir jetzt ein Herz – ICH WILL DICH SEHEN! DICH HERR STEFAN XXX WEIL ICH DICH VERMISSE UND NICHT SO LANGE OHNE DICH SEIN WILL!

So jetzt weißt du es, jetzt hast du den Salat *grins*

Wenn du das liest ist schon wieder Morgen, starte gut und vergess mich nicht

Julia

Tag 38

Guten Morgen – es wird langsam hell. Ich hab schon wieder von dir geträumt. Du warst so sehr präsent. Wie es mir geht? Es ist noch da. Ein Gefühl von Traurigkeit, dich vermissen, dich lieben. Immer noch. Ich kann ohne dich leben.

Manches vermisse ich überhaupt nicht. Den Stein auf meinem Herzen. Die Kette um meine Brust. Das Gefühl um dich buhlen oder kämpfen zu müssen. Das Gefühl nicht gut genug für dich zu sein. Das Gefühl nur zweite Wahl zu sein. Das Gefühl nicht gewollt zu werden. Das sind Dinge auf die verzichte ich gerne. Fast verschwunden.

Hast Du den Spruch vom VfB Trainer gelesen? Wir sprechen hier von Menschen und nicht von Maschinen. Menschen mit Gefühlen und Emotionen. Und so bin ich auch. Ich habe auch Gefühle und Emotionen und ich hab es zugelassen, dass du mich so tief verletzt. Du hast mir geschrieben, dass ich mich auf dich verlassen kann, dass ich dir vertrauen kann. Ja? Nein!

Ich weiß heute, dass ich es durch meine Glaubensgrundsätze auch angezogen habe, dass es wieder passiert ist. Auch, dass du dich nicht in eine gemeinsamen Zukunft getraut hast. Ich hab mich ja auch nicht getraut. Unsere Zweifel haben uns voll erwischt. Sind wahr geworden. Auf unserem Weg sind uns der Glaube und die Nähe verloren gegangen.

Es gab mal eine Zeit und so lange ist sie noch nicht her, da konnte ich mir alles mit dir vorstellen. Zusammen zu leben. Alltag. Und auch die vielen schönen Dinge. Da wollte ich deine Frau sein. Richtig. MIT ÄLLEM! Irgendwann war ich an dem Punkt, dass ich das nicht mehr wollte. Denn, deine Frau wird von dir immer nur betrogen. Und es ist keine Liebe.

Ich weiß noch, auch das ist gar nicht so lange her, als du mir sinngemäß folgendes geschrieben hast: Ich fahre jetzt nach hause, besser gesagt zu meinem Haus, denn zu hause fühlt es sich nicht an. Zu hause ist für mich woanders, bei dir.

So viele Gedanken streifen mich heute. Alles was wir haben verdankt er mir. Ohne mich wäre er nichts." Stefan, ist das eine Basis für dich? Weißt du wie sie über dich denkt? Sie achtet dich nicht und nicht den Beitrag, den du in eurem Leben geleistet hast. Das ist traurig. Der Preis ist hoch, den du bezahlst.

Ich bin traurig, dass es dich zurzeit nicht in meinem Leben gibt. Und es tut mir weh, dass du dort geblieben bist. Das ist es was dir gefehlt hat, als wir uns kennen lernten. Das was mir fehlte, als ich dich kennen lernte. Die Liebe. Den anderen zu lieben für das was er ist. So zu lieben wie er ist. Sich um seiner selbst willen zu lieben. Lebe nicht ohne die Liebe. Und die Achtung vor dem Anderen.

Viel Groll ist schon von mir gefallen. Es bleibt ein ruhiges Gefühl. Mich tröstet meine Gitarre und meine Musik. Da werde ich ruhig und ein bisschen glücklich.

Irgendwann nehme ich dir Metallica auf und dann werde schick ich's dir. Zum Valentinstag bekomm ich das wohl nicht mehr ganz hin ☺ Das ist ein Versprechen. Vielleicht wird mein Buch ja wenigsten zum V-Day fertig.

Ach Stef, manchmal würde ich dir gerne schreiben, dass es mir gut geht. Dass du mir fehlst und ich würde gerne meine Freude mit dir teilen. Ich habe tatsächlich meinen Traumjob gefunden. Und es ist ein Bürojob. Ich gehe mit Freude dorthin und es geht mir leicht von der Hand. Macht mir Spaß, ich bin in meinem Element. Die Zusammenarbeit mit meinem Chef empfinde ich als einfach und unkompliziert. Und wenn ich dann mittags zu hause bin sage ich „hey das war ein richtig toller Tag". Ich könnte mir sogar vorstellen 5 Tage die Woche zu arbeiten. Es ist toll wenn sich was bewegt und so langsam trägt die Arbeit der ersten Zeit seine Früchte. Hab ich dir schon geschrieben was ich mache? Ich bin in einer Eventagentur, versuche Touren zu planen. Organisation zu 100 %. So viel Spaß hatte ich noch nie bei der Arbeit wie jetzt. Wahrscheinlich hat das auch mit meiner Einstellung zu tun. Ich bin dankbar diese Arbeit tun zu dürfen, dass sie mich gefunden hat. Denn so war es wieder. Und solche Wünsche, die in Erfüllung gehen, solche Wunder im Kleinen finde ich so wunderbar. So wunderschön.

So wie die Zeit mit dir. Du bist immer noch mein Schatz. So wie die Zeit mit dir. Ich hüte sie wie einen Schatz. Sie war und die Erinnerung daran ist kostbar. Ja tatsächlich. Du hast mir meinen Weg geöffnet. Ich würde nicht hier sein. Würde nicht hier sitzen und schreiben. Ich bin dir dankbar. Du bist ein besonderer Mensch. Hast meine Seele und mein Herz gestreichelt, wie niemand anders in meinem Leben. Du bist ganz tief in meinem Herzen. Immer. Und da wirst du auch bleiben. Ich muss nichts abschließen oder einen Strich ziehen. Denn du bist ein Teil meines Lebens. Und mein Leben schließe ich ja auch nicht ab, oder?! Und ja, ich liebe dich. Anders wie noch vor 40 Tagen. Sie quält mich nicht mehr. Sie ist einfach da. Hält mich. Ist hinter mir. Weich und warm. Gibt mir Kraft und Wärme. Kannst du dir das vorstellen?

Es gibt Stunden und Tage, da streifen meine Gedanken dich nur noch ganz selten. Und dann in der Nacht bist du da. Oder auf einmal ist in mir so eine große Zuversicht da und so viel Freude. Ich kann nicht erklären woher diese kommt. Ich weiß, dass wir uns wieder sehen und dass dann alles gut ist. So gut wie es heute schon ist und dann doch anders!

Es hat wieder angefangen zu schneien. Sanft fallen die Flocken vom Himmel. So sanft ist meine Liebe, die ich für dich in mir habe. Und für mich selbst.

Tag 125 / 880 9:34 Julia an Stefan
Guten Morgen Stefan,
ist das schon wieder lange her, dass wir uns mal
geschrieben haben. Heute Nacht habe ich
sogar davon geträumt, dass ich meine Mails
checken muss und du mir geschrieben hast –
was wohl der Herr Freud dazu sagen würde?
Wunschträume!
Hoffe dir geht es soweit gut. Was machen
deine Gelenke eigentlich? Du hast doch heute
Mittag einen Termin? Drück dir Daumen! Was
steht noch bei dir an?
Ich hätte gerne noch ein bisschen länger mit dir
geplaudert. Hab aber gleich kaum noch ne
Chance. Ich vermisse dich sehr, die Chatterei
während deiner Nachtschicht, deine Mails,
wenn du mir nah bist, deine Stimme, du, deine
Nähe, deine Zärtlichkeiten, deine Berührungen,
wenn du mir einfach gut tust. ICH VERMISSE
DICH – BITTE TU WAS DAGEGEN!!!
Tausend Küsse
xx Ju

Tag 129 / 880 8:21 Julia an Stefan
Guten Morgen Stefan –
draußen ist es noch ganz dunkel. Ich stecke
schon in meiner Skiunterwäsche und hier
drinnen ist noch alles ruhig. Der Kaffee steht vor

mir, Musik läuft und ich dachte ich schreib dir ein bisschen.

Ich fang mal bei Freitag an – meine Lohnerhöhung plus Erhöhung der Arbeitszeit hab ich bekommen. War ganz einfach, genau so wie ich es mir gewünscht habe. Ich freu mich.

Gestern bin ich noch von meiner Ma ausgestattet worden für den Wintersport. Sehr lieb. Weihnachtsspendierhosen sozusagen ;-) Und der Schnee ist auch noch da und deswegen will ich das heute ausprobieren. Ich hoffe ich tu mir nichts.

Und sonst schlage ich mich auch mit allerhand Kruscht rum.

Mit seiner Verwandtschaft, der ich es nicht recht machen kann und in deren Augen ich die Kinder zu sehr verwöhne. Ich finde das halt echt panne, wenn die Kinder einen Wunschzettel haben, auch mit kleinen Sachen drauf, und es die Erwachsenen nicht interessiert. Das ist ja wie wenn ich mir einen roten Schal wünsche und einen grünen bekomme. Deswegen geht mir Xmas furchtbar auf die Nerven. Es ist anstrengend es allen recht zu machen.

So jetzt wird es Zeit langsam in die Gänge zu kommen. Ich will in ner guten Stunde los und im Augenblick schläft noch alles. Wie geht es dir? Außer der vielen Arbeit mit deinem Wintergartenanbau. Das Ergebnis wird bestimmt toll und dann weißt du für was du gebuckelt hast. Ich vermisse dich, du bist gerade so weit weg für mich. Wird Zeit, dass

sich unsere Wege mal wieder kreuzen. Pass auf dich auf, vor allem auf deine Knochen.
Deine Ju

Tag 138 / 880 23:30 Julia an Stefan
Betreff: what a day – in 5 Monaten hab ich Geburtstag
So, da bin ich. Hab es jetzt echt aussitzen müssen um in Ruhe am PC schreiben zu können und nicht auf dem Handy rum tippseln zu müssen.
Bei dem Fernsehprogramm fast schon eine Strafe – was ich dir zu liebe nicht alles tue.
....
Du siehst heute ging es im Geschäft echt ordentlich zur Sache. Ich hab relativ viel Abstand, mag meine Arbeit dort sehr. Aber manchmal geht es halt echt zu wie auf dem Basar. Oder wie im Krieg. Jetzt kann ich so ein bisschen verstehen wie Familienfehden entstehen.
Jetzt mal schauen, ab morgen bin ich allein, meine süße Kollegin wollte schon ihren Urlaub verschieben. Hoffe ich bekomm demnächst meinen neuen Vertrag von meinem Chef. Werde vorher mal ein paar Kekse auf den Tisch stellen ;-)
So das war die erste echt sachliche Mail. Ich trenn das heute mal
Ju

Tag 139 / 880 0:05 Julia an Stefan
Betreff: …. und gestern vor 4 Monaten
…..hab ich Dich das erste Mal geküsst.
Und ich weiß noch was ich auf der Fahrt nach
Untertürkheim gedacht hab. Ich hab
nachgedacht „was mach ich da eigentlich,
was erwarte ich? Und irgendwie war es so, dass
ich dachte, egal was passiert, nehme es
einfach mit. Genieße es ohne weiter zu denken.
Aber dich interessiert ja was ganz anderes. Wo
fang ich an? Hey, da steht nur ein Glas Wasser
neben mir. Ob das was wird??
Wenn ich an den Samstag zurück denke
verschwimmt vieles. Es ist wie ein großer See,
gefüllt mit vielen Emotionen und Eindrücken
und Schönem und Fremden.
Als ich dich gesehen hab und wir hoch nach
Degerloch gefahren sind warst du distanziert
und mir fremd. Vom Gefühl her würde ich
sagen warst du einfach noch nicht richtig da.
Am abwägen was du sagen und erzählen
kannst und was nicht. Das hat sich dann ja
gegeben.
Später, also als wir die Klamotten schon wieder
an hatten und du mit deinem kleinen bis
mittleren Schwips erzählt hast, da warst du so
wunderbar offen. Nicht so vom Kopf gesteuert.
Hast auch eine sehr gefühlvolle und sensible
Seite gezeigt. Und eine Lustige. Das hat mir sehr
gut gefallen Stefan XXX! Aber ich kann dich
doch nicht jedes Mal abfüllen, oder?

Es war schön mit dir zu lachen, ein bisschen rum zu bubbeln und dich aufzuziehen. Dir auch mal auf den Po zu hauen oder deinen Geldbeutel in meine Tasche zu werfen – wobei das echt keine Absicht war. Das musst du mir glauben. Wunderschön fand ich als du mir gesagt hast, was es dir an mir so angetan hat. Und dann kam auf dem Heimweg das Lied „Pride eyes" und du sagtest „die singen von deinen Augen". Erinnerst du dich daran? Und dann kurz bevor wir bei dir sind kommt auch noch Metallica – weißt du das noch???

Jetzt muss ich noch mal kurz nachlesen was du von mir wissen wolltest – Moment – Also – ob es mir mit dir gefallen hat?

Ja das hat es mir. Sehr. Ich fand es unheimlich schön. Schön dich nicht auffordern zu müssen. Sondern dass du den Zeitpunkt spürst wenn ich dich spüren möchte. Das mag ich. Sehr! Ich hätte gern mehr davon. Mehr Sex mit dir.

Jetzt tu ich mich schwer Worte zu finden, aber ich hoffe, dass du mich auch so verstehst. Wenn ich mir unsere Bilder anschaue, dann sehe ich, dass ich mit dir für einige Stunden sehr glücklich war. Es ging mir gut. Und dir glaub ich auch!

Wie ist es für dich wenn du an den Samstag zurück denkst? Und schreib ja nicht nur dass es wunderschön war. Weil wir appen hier ja nicht sondern mailen ☺

Jetzt gehen langsam meine Worte aus. Es fällt mir immer schwer mich von dir zu trennen. Und noch schwerer wieder zurück an den See zu

fahren. Wenn ich mit dir zusammen bin weiß ich ganz genau was ich will. Wenn ich dann wieder hier bin schließt sich die Stefan-Schublade oder ich versuche zumindest sie zu schließen. Aber sie klemmt immer ein wenig und ich weiß, dass unter der Oberfläche was schlummert, was mich verletzlich macht. Meine Liebe zu dir.
xx Ju

Tag 142 / 880 Stefan an Julia
Hallo mein Schatz,
ich möchte dir auf diesem Weg schöne Weihnachten wünschen. Schade, dass wir es nicht zusammen verbringen können. Lass dich nicht stressen und viel Spaß mit deinen Kindern. Thema Baustelle *schnauf* der Wintergarten steht. Am Samstag kamen die Gläser rein. Das war vielleicht ein Aufriss. Morgens um 7 haben die uns aus dem Bett geklingelt. Und dann einen riesigen 46m Kran angefahren. Mein einer Nachbar ist gleich komplett abgedreht und hat mit den Bauarbeitern Streit angefangen. War echt lustig, wie das an denen abgeprallt ist. Die sind das wohl gewöhnt. Jedenfalls war bis abends fast alles geschafft und das Ding halbwegs dicht. Jetzt ruht die Baustelle bis ins neue Jahr. Allerdings nicht für mich.
Thema Jan: musste ihm am Freitag alles erzählen. Dachte fast er ist ne Frau, so neugierig war der. Grins. Hab ihm dann ein Bild von dir gezeigt, dann hat er mich verstanden!

Thema vorletzten Samstag: *hach*schmacht*
Das war wunderschön!!! Es war so schön
endlich mal wieder viel Zeit mit dir zu haben.
Auch wenn viel Zeit in deiner Gegenwart nicht
viel bedeutet. Die Zeit verfliegt wie nichts ☹ Der
Sex mit dir ist wirklich süchtig machend. Will
mehr. Viel mehr!!!
Lass dich von ihm nicht ärgern. Denk einfach
an mich und an unsere schönen Stunden, wenn
dich einer ärgert!
Ich liebe und vermisse dich so sehr mein Schatz.
1000 Küsse
xx, Stefan

Tag 142 / 880 23:45 Julia an Stefan
Fortsetzung –
Nach meiner Logik liest du es genau so gerne
wie ich. Brauchst es genau so sehr wie ich. Ich
vermisse dich sehr. Du wirst mir immer
vertrauter. Ich fühl mich wohl mit dir. Bei dir.
Wenn ich deine Stimme hör und mit dir am
Telefon reden kann. Meinen Heimat-Slang höre
– das ist schön. Dann ist alles leicht und mir geht
es gut. Fühl mich so geliebt von dir. Das tut so
unendlich gut.
Ich lieb dich. Hab schöne Weihnachten mit
deinen Kindern und schenk mir ab und zu einen
Gedanken
Ju

Tag 39

Nein, gerade geht es mir nicht sonderlich gut.
Intensiv geträumt. Nach dem Frühstück war ich
draußen. Schön. Die frische Luft, der blaue
Himmel, Musik im Ohr. Ich hatte ein Lachen in
mir. Lautes Lachen, das ganz tief aus mir da
drinnen kam. Aus dem Bauch. So befreiend.
Und einfach gut.

Nach dem Mittagessen hab ich mir ein Herz
gefasst und die ersten Seiten ausgedruckt. Ich
saß in meinem Lieblingskaffee. Habe fast zwei
Stunden in unserer Geschichte gelesen.
Angefangen die ersten Seiten zu überarbeiten.
An Formulierungen gefeilt. Es für mich runder
und schöner gemacht. Was das mit sich bringt?
Eintauchen! Noch mal erleben. Das ist
schmerzhaft!

Während dem Laufen heute waren die Zweifel
weg. Freude auf dich und die Zeit, die kommt.
Und der Vorsatz dir am Tag der Liebe zu
schreiben. Denn dafür ist dieser Tag da. Es dem
zu sagen, den man liebt. Dir. Nicht viel.
Vielleicht nur zwei x.

Damit tu ich etwas, das dir nicht passt und
gefällt. Das war mir heute Mittag gleich. Ich
habe schon alles verloren. Ich verliere nicht
noch mehr, wenn ich es tue. Ich folge nur
einem Impuls, der aus mir kommt. Warum

nicht?! Saurer wie sauer, wütender wie wütend gibt es nicht.

Ich weiß gar nicht wie ich das in Worte fassen kann. Auf meiner inneren Leinwand erscheint wieder ein Gedanke: Wenn es die gleiche Liebe war, die uns verbunden hat, dann liebst du weiter, auch wenn dein Verstand vehement den Kopf schüttelt und es verbietet. Das was du nicht tun willst tust du.
So wie ich dich auch noch liebe. Und dann bist du in Gedanken so bei mir, wie ich bei dir bin. Und dann freust du dich.

Wenn ich das Geschriebene lese dämpft mich das so. Ich mag weiter machen und fertig werden. Gleichzeitig bin ich wie gelähmt. Einfach meine Idee vollenden und umsetzen. Und ich mag ehrlich zu mir sein.

„Das Gelassenheits-Gebet:
Herr, gib mir die Gelassenheit, Dinge hinzunehmen, die ich nicht ändern kann. Den Mut das zu ändern, was ich ändern kann. Und die Weisheit, das eine vom anderen zu unterscheiden". (Autor unbekannt)

Heute Mittag halte ich den Karton in den Händen, der mir letztes Jahr zum 14. einen wunderschönen Strauß roter Rosen bringt. Und selbst die haben einen so bitteren Beigeschmack. Oh Gott, was für eine Scheiße war alles nur im letzten Jahr?

Also gut, ich bin aufgewühlt und müde. Ich lasse es jetzt. Wird schon zum genau richtigen Zeitpunkt fertig werden. Versuche mal milde mit mir selbst zu sein und nehme das Tempo raus und lass es für heute.

Tag 57 – Das Ende ist schon längst geschrieben.

It's impossible said pride. It's risky said experience. It's pointless said reason. Give it a try whispered the heart

Heute schlägt mein Herz viel schneller. Meine Brust vibriert. Es schwingt anders. Ich wusste die ganze Zeit nicht, wann ich fertig bin. Ich konnte die letzten 10 Tage gar nicht schreiben. War sehr im Alltag, krankes Kind, selber krank. Ich wollte auch nicht mehr dran gehen. Aber ich wusste, wenn ich die letzten Mails drin habe, dann bin ich durch. Der für mich emotionalste und vielleicht schwierigste Part kommt noch. Überarbeiten.

Gestern war der Tag der Liebe. Damit hab ich mich doch tatsächlich jetzt eine ganze Woche beschäftigt. Ich wollte dir schreiben und auch nicht. Tu ich es, tu ich es nicht, tu ich es, tu ich es nicht?! Dich wissen lassen und auch nicht. Setze ich mich über deine Order hinweg oder nicht?

Dann dachte ich, ok, gib mir ein ganz klares Zeichen, das ja heißt und ganz klar mit dir verlinkt ist. Es kam. Dann wollte ich noch eins. Kam auch. Als dann „Your Song" im Radio kam, hab ich nicht mehr nachgedacht und es einfach getan. Ich habe Dir eine Sms geschrieben. Nur: XX. So wie du damals im Urlaub. Vor Aufregung ist mir danach schier das Handy aus der Hand gefallen.

Ich übersetze es dir heute sehr gern:

Ich liebe Dich.

Es hat nie aufgehört. Es ist immer noch da. Ja genau so ist es. Ich liebe dich und unsere gemeinsame Zeit. Mit den Tiefen und den Höhen.

Und wenn es das war, was ich denke, dann bist du mir jetzt auch nicht böse.

Mein Herz hat sich durchgesetzt. Mit der Option keiner Reaktion. Oder einer Reaktion, die sehr weh tut. Kann sein, dass der Skorpion mal wieder ausholt und sticht. Aber weißt du was mein Schatz, das ist mir egal. Ich habe viel verloren und genau so viel gewonnen. Und ich wollte dir das einfach noch mal sagen.

Ich habe mich entschieden nicht mehr mit dir zusammen zu sein. Die Umstände haben mich kaputt gemacht. Meine Schmerzgrenze war erreicht. Es ging mir sehr schlecht und ich wollte so nicht mehr leben. An meinen Gefühlen zu dir hat sich nichts geändert. Rein gar nichts.

Ich liebe dich und du wirst in meinem Herzen immer einen ganz besonderen Platz haben.

So wie Metallica singt "So close no matter how far, couldn't be much more from the heart".

Ich habe dich nie gesucht und doch hat uns der Zufall ☺ zusammen geführt. Und wenn das Schicksal es will finden wir uns wieder, unter anderen Vorzeichen.

With love always
Julia

Die Zugabe:

Tag 175 / 880 11:27 Julia an Stefan
Betreff: Meine Letzte
Verliebt hab ich mich in einen Mann, der mit mir geplaudert hat. Der mir von sich erzählt hat. Der meine Fragen beantwortet hat. Und der mich gefragt hat. Er hat mich mit seiner Musik überrascht. Mit Bildern. Wollte mich sehen. So wie ich ihn. Die Distanz war egal. Dass jeder seine Familie hat wussten wir von Anfang an. Du hast mich mitgenommen in dein Herz und in

deine Gefühle. Jetzt bin ich hinten runter gefallen. Ich weiß gar nichts mehr. Es gibt nur noch Whatsapp. Ich habe es dir letzte Woche geschrieben, dass das verdammt wenig ist. Spätestens am Montag wäre es an der Zeit gewesen an den Straßenrand zu fahren und dass du dir für mich/uns ne Viertelstunde Zeit nimmst.

Ich bin nicht wichtig für dich. Du bist mir wichtig. Meine Gefühle für dich sind immer noch da. Du tust mir nicht mehr gut. Nicht in der Form. Ich kann nicht mehr und wenn ich nicht die Bremse ziehe ertrinke ich. Du kannst dir sicher sein, dass das hier für mich hart ist wie nichts dieses Jahr.

Es liegt an dir. Willst du mich zurück, dann ändere das. Ich mach die Türe nicht zu. Ich weiß nur nicht wie lange sie noch offen bleibt. Ansonsten lass ich dich ziehen, zurück in dein Leben.

Ich habe die Zeit mit dir so geliebt. Ich liebe dich

Julia

Antwort von Stefan an Julia:

Hallo mein Schatz,

du bist nicht hinten runter gefallen - bestimmt nicht!

Ich glaube mir wächst gerade alles über den Kopf. Aber du nicht – bestimmt nicht!!! Es tut mir wahnsinnig leid, dass ich gerade so wenig Zeit für dich/uns hab. Aber es kommen auch wieder andere Zeiten. Bestimmt!!!

Natürlich möchte ich dich sehen, es sind gerade nur viel zu viele Termine. Jeder Wochentag, das komplette Wochenende ist ausgebucht. Du kannst mir glauben, dass mich das mindestens so sehr ankotzt wie dich. Ich vermisse dich jeden Tag, jede Stunde, jede Minute und jede Sekunde. Ich bin in Gedanken immer bei dir! Ich möchte nicht, dass du mich ziehen lässt. Bestimmt!!!

Du willst meine Geschichte hören? Gar nicht so einfach dir das zu schreiben. Eigentlich weiß ich selbst nicht genau wie so etwas passieren konnte.

2003: Wir sind in unser neues Haus gezogen und haben und recht schnell mit den Nachbarn angefreundet. Da ging es abends schon mal hoch her. Ein Bierchen auf der Terrasse, Sekt dort. Irgendwann kam 2004 der Autoverkäufer dazu. Ich weiß gar nicht mehr wie wir uns kennen gelernt haben. Jedenfalls hat unser Nachbar in diesem Sommer ein Gartenfest für alle neuen und alten Nachbarn der Straße veranstaltet.

Tja und dann kam auch die Autoverkäuferfamilie dazu. Eigentlich war sie gar nicht mein Typ. Aber nach ein paar Bier, Sekt und Wein war das wohl anders. Meine Frau und ihr Mann sind dann schon ins Bett gegangen. Sie und ich saßen fast allein im Garten von meinem Nachbarn auf einer Bierbank und waren am plaudern. Plötzlich fängt sie an meinen Schenkel zu streicheln. Ich war etwas perplex. Hab dann aber auch angefangen sie zu streicheln. Wir haben dann noch einen Spazierganz gemacht, geredet, geraucht, getrunken und rumgeknutscht. Ich hatte ein total schlechtes Gewissen gegenüber dem Autoverkäufer. Allerdings dachte ich am nächsten Tag, dass es das war. Ein kleiner Ausrutscher, der keinem weh tut.

Pustekuchen, wir haben angefangen uns Sms zu schreiben. Erst ganz harmlos, dann immer schlüpfriger und kurz danach haben wir dann das erste Mal miteinander geschlafen. Das hatte nichts mit Liebe zu tun oder großen Gefühlen. Es war einfach nur Sex. Eigentlich wollte ich es immer beenden. Hab dann aber wohl den Absprung nicht geschafft. Und so ging es weiter. Zu diesem Zeitpunkt wusste keiner von uns beiden, dass ihr Mann ihr Handy überwachte. Jede Sms in einer Tabelle gespeichert. Das kam dann erst raus, als sie auf seinem Handy ne Sms oder Mail einer anderen Frau gefunden hat. Da hat er dann die Hosen runter gelassen und sie anschließend auch. Sie hat mich dann gleich angerufen und es mir erzählt. Ich dachte die Welt geht unter. Ich war mir nicht sicher, ob er nicht gleich zu meiner Frau rennt und ihr alles erzählt. Hat er zum Glück nicht gemacht. Er war nicht mal richtig sauer auf mich. Ich hatte eigentlich einen ordentlichen Schlag in die Fresse erwartet. Bis unser Verhältnis zu einander wieder einigermaßen normal wurde, das hat ganz gedauert. Und dauert glaub ich immer noch. Manchmal wünschte ich mir, dass er mich einfach mal anbrüllt, mir eine runterhaut oder sonst etwas. Aber dazu ist er nicht der Typ.

A.d.A.: Das hab ich ja mittlerweile alles übernommen: Dich angebrüllt, dir eine runter gehauen und es deiner Frau erzählt

So, jetzt kennst du meine Geschichte. Zumindest die groben Umrisse. Ich hab so lange mit mir gerungen es dir zu erzählen, bevor er es tut. Hab wohl auch da den richtigen Zeitpunkt verpasst.

A.d.A.: Ja, dein Timing ist echt beschissen und zieht sich durch wie ein roter Faden!

Ich hatte solche Angst dich zu verlieren

A.d.A.: Hast du mittlerweile auch hinbekommen

Dass er allerdings solche alten Kamellen gleich mit auspackt wie die Zugfahrt nach Hamburg. Damit hatte ich nicht gerechnet. Das ist über 20 Jahre her und passiert ist da nicht wirklich was. Ich hatte einen entsprechenden Alkoholpegel und da hätte ich mir einen Stock umbinden müssen.
Mit meiner Azubine war es ähnlich. Das war jetzt im Frühjahr. Sie hatte so einen Narren an mir gefressen. Weiß der Geier warum sich ein 20jähriges Mädel mit so nem alten Sack abgibt.

Jedenfalls hatte ich ihr erzählt, dass ich am Nachmittag mit Jan auf den Wasen geh. Tja und dann stand sie plötzlich vor mir. In voller Montur. Dirndl und hohen Schuhen. Es war ja nicht so, dass sie nicht hübsch ist. Und wie das mit dem Herrn XXX so ist und dem Alkohol. Wir haben an diesem Abend noch wild geknutscht. Das war es dann aber auch wieder. Stichwort Stöckchen.

Und dann kamst du in mein Leben. Mann, was für ein Paukenschlag auf dem Fest, als ich dich das erste Mal gesehen habe. Im Nachhinein könnte ich mich selber ohrfeigen, dass ich da so viel getrunken hab. Ich dachte nur am nächsten Tag – was wird die wohl von mir denken? Depp!!! Als ich dich dann im Bad gesehen habe war es so wie so um mich geschehen. Hab mich dann schweren Herzens zurück gehalten. Einerseits weil ich hundemüde war und weil der Autoverkäufer seit dem Fest von nichts anderem mehr wie dir geredet hat. Und ich dachte, dass du eh sauer auf mich bist. Tja und dann bin ich auf die Idee mit der Email gekommen. Dass es sich so entwickeln würde, wie es das getan hat, hatte ich niemals gedacht. Ich dachte da kommt was zurück a la „schon ok, schönes Leben noch"

Jetzt gehen mir die Worte aus....

Nur noch so viel: Ich möchte dich nicht verlieren!!!

Ich liebe dich!!!

Ich möchte aber deinem neuen Leben nicht im Wege stehen.

A.d.A.: Das hast du nie getan

Wenn du das so nicht mehr weitermachen kannst, dann muss ich das akzeptieren. Aber wollen will ich das nicht!!!
xx Stefan

JULIA AN STEFAN
Ich will dich in meinen Leben haben, auch in meinem Neuen. Aber ich mag den Stefan der letzten 30 Tage nicht haben. Ich mag den Stefan haben vom Sommer und vom Herbst. Das ist der Stefan, den ich liebe. Ich will dich nicht loslassen, aber werde es tun bevor es mich kaputt macht.

A.d.A.: Viele Tage später erst, an Tag 880 lasse ich dich los

Mich schockt deine Geschichte mit der Frau des Autoverkäufers nicht. Was ist im Strandbad passiert? Warum ist es da um dich geschehen? Ich danke dir für deine Worte. Ich will nicht ohne dich sein, aber ich zahl nicht jeden Preis.
xx
Ju